觸碰美洲豹

化恐懼為行動力，打造生命經濟，挽救全球危機

Touching the Jaguar

Transferring Fear into Action to Change Your Life and the World

John Perkins
約翰・柏金斯——著
黃中憲——譯

獻給正戮力開闢新路，以打造下一代所會想承繼之未來的原住民，

獻給在我走在那條路上時握著我手的基曼．盧卡斯（Kiman Lucas），

獻給鼓舞我繼續走下去的孫子格蘭特．米勒（Grant Miller）。

引言　遇見美洲豹

「觸摸美洲豹」意味著你能看出自己的恐懼和障礙，正視它們，改變對它們的看法，接受它們對人的影響，著手改變自己和世界。

寫此書的本意，是為藉由此書將我先前關於原住民文化的著作，諸如《變身》（*Shapeshifting*），與關於全球經濟的著作，諸如《經濟殺手的告白》，連在一塊。沒料到此書會變成現今這樣的樣貌，而且分量比預期大了許多。

我的旅程始於一九六八年，當時，身為美國和平工作團（Peace Corps）的志工，我被派去厄瓜多的亞馬遜叢林建立信用與儲蓄合作社——不久我就看出這事不可能辦成。一到那裡，我就遇到首度接觸我的世界——工業化世界——的原住民。他們與大自然和諧相處，但仍不斷與鄰居交戰以保護地盤，敵意存在已千百年。然後，出乎意料的事發生了。

外國石油、礦業公司到來，開始摧毀他們的森林。原住民理解到他們唯一的希望是「觸摸美洲豹」。

對阿茲特克人、印加人、馬雅人來說，美洲豹代表力量與勇武，是體力與意識的象徵。如今，在亞馬遜地區，少年於名叫「異象追尋」（vision quest）的成年禮期間觸摸美洲豹，象徵其有勇氣克服懷疑、挑戰敵人、衝破難關。美洲豹能在黑夜裡視物，有絕佳的間接視力，因此，據說體現了我們檢視自己靈魂的黑暗處、看見周遭一切、決定通往未來之路、採取會在那條路上一直引領我們之方向的行動的能力。當地的故事講到迷路的獵人被美洲豹帶回正路，講到美洲豹把其所獵殺的動物送給叢林中餓得動不了的人，藉此拯救了人命。美洲豹雖危險，卻也以樂善好施而為人所知；牠所施予的禮物，或許是實有其物的，或許是心理性，或許是精神性。

有個亞馬遜河地區的薩滿僧告訴我，「觸摸美洲豹」意味著你能看出自己的恐懼和障礙，正視它們，改變對它們的看法，接受它們對人的影響，著手改變自己和世界。

大型石油、礦業公司到來時，亞馬遜河地區的居民理解到他們最害怕的東西，不再是他們的鄰居，而是外國公司入侵他們土地一事。他們得正視那個令他們害怕的東西，得觸摸會贈予他們智慧和力量以便衝破舊偏見、舊傳統之障礙的美洲豹。他們得改變對鄰居的看法；得著手和宿敵結盟以保護世界。

然後他們理解到真正的威脅比那些公司還要大，來自那些為了攫取地球資源而蹂躪地球的國家的心態。他們看出他們的土地可能被想要控制他們經濟、生活方式、思想、環境、乃至治理形態的外人——亦即決意殖民並控制他們的外人——強占。

新組成的同盟決意主動面對他們最害怕的東西——即我們，來自殖民者世界的人。他們請我轉告那些人，改變工業文明貽害甚大的行事方式刻不容緩。他們請我把幾個有能力創造出網絡以將此訊息傳送到全世界的人帶去見他們。

我們這群人一抵達亞馬遜河區域，原住民就要我們改變對於如何與他們互動一事的看法，改變對我們的家園——地球——的看法。他們要我們揚棄以社會等級體系和剝削為基礎的舊價值觀和舊制度，代之以尊崇平等主義和慈悲的價值觀和制度；他們敦促我們把自己的思想、經濟、生活方式去殖民化。他們勸我們勿再以「我們對他們」的對立角度界定自己，指出如果原本彼此為敵如此久的他們都能捐棄前嫌一起保護領土，來自不同國家、文化、經濟制度、政治制度的人，例如美國人、俄國人、中國人，也能做到。為了應付更嚴峻的危險，宿敵可以化敵為友。他們要我們聯手打造下一代和下下一代會願意承繼的世界。

誰都看得出，原住民要我們做的事，是他們自己已做了的事。他們已改變自己的看法，以便改變他們所處的現實世界；這時他們敦促我們照辦。

寫此書時，我發現自己在想樹的事情古怪得像是虛構出來的，但的確是真有其事。亞馬遜河地區的人，在我初進入他們的領土時，與外界未有正式接觸，但他們看出我們的問題，而且是我們自己未看出的自身問題。他們認識到我們欲殖民並控制他人的念頭，帶給我們嚴重傷害。由於這股念頭，我們正在打造自取滅亡的全球經濟體系，即「死亡經濟」（Death Economy）。一九七〇、八〇年代經濟學家和政治人物大力鼓吹不顧社會成本、環境成本，追求最大短期獲利的「死亡經濟」。在那之前的一九六〇年代晚期，我就讀商學院時，企業執行長被告知要好好照顧員工、供應商、顧客和企業經營所在地的社群，要為投資人賺取合理的收益。

身為前經濟殺手、「死亡經濟」的幫凶，在和亞馬遜河地區的人一起生活過，並受教於薩滿僧後，我理解到有義務改變自己的看法，有義務竭盡所能將失靈的體制改造為讓我們——地球上的所有生命——受益的體制。我知道在人類史的大半時期，我們的祖先創造了把重點擺在為人與自然謀求長遠利益且本身就是可再生之資源的社會－治理－

經濟體制。仍如此過活的原住民，從過去到現在都在敦促我們把「死亡經濟」改造為清除汙染、重生被破壞的生態系、把舊物回收再利用、創造出會恢復資源和造福而非摧殘環境的經濟，也就是「生命經濟」。

我希望大家知道，我未把個別原住民理想化或醜化。個人經驗讓我認識到，有奸詐的原住民，也有正直的原住民；有殘酷的原住民，也有愛和好平的原住民；有精神錯亂的原住民，也有明理冷靜的原住民，一如在各種文化裡所見。我所尊敬的，是他們共同獻身於長遠目標一事。他們的哲學和行動以照顧好他們的環境、文化、後代為宗旨。原住民長久以來向其孩子——如今向我們——講述的故事，例如鷳族與大禿鷲族的預言、二〇一二年馬雅預言、艾察與埃維亞人的傳說（Legend of Etsaa and the Evias），讓我們對每個人都有的能力——克服障礙、改變主觀看法、藉此改變現實的能力——有了深刻的認識。在這方面，這些故事與深植於世界諸文化裡的神話，與現代精神療法、量子物理學的實踐，有許多共通之處。

本書探討我身為經濟殺手所造成的傷害和我在亞馬遜河流域走動的心得，能改變現實的心得，接著描述我過去四十年為遇見我的美洲豹、為把我的心得用於減輕我協助造成的傷害所做的事。本書探究當前的貪婪和短視近利造成的問題。或許最重要的，本書告訴身為讀者的你們能如何改變自己生活，能如何協助全人類與大自然、協助人與人更和諧共存。

序言　美國殖民主義，瓜地馬拉，一九九三年

帝國殖民並控制部落和國家已數百年，擅自拿走它們的經濟、土地、人民、政府、心靈……這一次是拿普及民主當幌子……

「上星期有八人在這裡遭暗殺」。路華汽車緩緩駛入彎道。「瓜地馬拉軍人在這個地方攔住一輛巴士」。豪爾赫（Jorge），我們的馬雅語轉西班牙語通譯，轉頭往坐在他後座的琳・推斯特（Lynne Twist）瞧，再往坐在她旁邊的我瞧。「他們把八個馬雅人拖下車，開槍擊斃，一個接一個。」他指著他窗外一叢矮灌木，「上星期，就在那裡。」

我往窗外的灌木定睛細看，心臟撲通撲通跳。路華加速駛離。

「內戰還在打，」豪爾赫接著說，「已打了三十多年。」他的目光從琳轉到我身

上。「那些軍人是美軍所訓練出來，」他盯著我說，「用來幫助這裡想摧毀馬雅文化、想支援美國公司開採我們資源的有錢人家。這是美國殖民主義的最新例子。」

美國殖民主義。我一時覺得胃很不舒服。

「種族滅絕，」琳說。她說時也看著我。

我往我這邊的窗外望去，努力壓下叫人作嘔的膽汁味。我原是經濟殺手，原是豪爾赫口中那些有錢人家的助手，以推動殖民主義為職責的人。誠如我後來在《經濟殺手的告白》裡所寫的：

> 經濟殺手是領高薪的專業人士，從世界各國騙走數兆美金。他們把來自世界銀行、美國國際開發總署（USAID）等外援組織的錢，集中轉入大企業的金庫和一些控制地球天然資源的有錢人家的口袋裡。他們的工具包括造假的財務報告、動過手腳的選舉、賄賂、勒索、性、謀殺。他們玩的把戲和帝國一樣古老，但在全球化時期，這一把戲呈現新且駭人的規模。
>
> 我竟然知道；因為我曾是經濟殺手。[1]

一九八〇年我正式金盆洗手，退出經濟殺手這一行，但此刻，十三年後，我再度來到瓜地馬拉。我以企業顧問的身分前來，該企業正是豪爾赫已認定是殖民主義的那個體制不可或缺的一部分。與此同時，此行期間，我具有一非營利組織的董事會成員的身分，該組織在這場可怕內戰期間救助了馬雅人。兩種身分的格格不入，我當然心知肚明。我以養家活口為理由，合理化我的顧問工作。我告訴自己，我會讓我的企業客戶體認到他們在瓜地馬拉和其他地方之所為對環境和社會的衝擊。但馬雅人的遭遇，使我難以自圓其說。

據估計已有二十萬馬雅人死於或「失蹤」於華府和美國企業所支持的政府之手。另有許多馬雅人逃離家園避難。[2]已有數十個村子遭夷平。農家被趕出他們的小農場，被美國人所擁有或支持的大型農業綜合企業取而代之。除了馬雅人，受害者還有學運分子、勞工領袖、參與非暴力運動的天主教神父。死於此衝突者，比死於二十世紀其他任何一場拉丁美洲戰爭者還多——但大部分美國人不知此事。[3]

這時，我要帶琳進入山區，而那些山區正是我們經濟殺手所剝削、殺害的那群人的根據地。「沒錯，就是種族滅絕，」我又說了一遍。我竭力吞下嘴裡的酸味，竭力壓下自己過去所作所為帶來的罪惡感和對前路的恐懼。車子急速駛離發生過那些不可原諒之事的灌叢時，我盯著窗外荒涼的群山和馬路。

「有時當美國人很難，」琳說。經人介紹認識她時，她是慈善活動家和「飢餓計畫」（Hunger Project）的募款主任。那時她還未寫成她的暢銷書《金錢的靈魂》（*The Soul of Money*），還未獲頒聯合國傑出婦女獎，還未成為諾貝爾和平獎女得主協會（Nobel Women's Institute）的顧問，還未上歐普拉的電視節目，還未得到其他許多殊榮。

那時，殖民主義也還未呈現其駭人、可悲的一面——會在二十一世紀第二個十年期間出現的一面。世界會頻頻苦惱於極端反外來移民的心態和行動，苦惱於白人至上主義團體和民族主義團體的出現，苦惱於所得不均的惡化，苦惱於社會對立、族群對立的升高，苦惱於某些人否認氣候變遷一事。那時，中國國力和全球影響力也還不成氣候。

琳碰了我的手臂。「重回舊地，你有什麼感想？」

我不知道該說什麼。我不想承認嘴裡有酸味、心痛或胃不舒服。身為為企業賣命的殺手，又是原住民權利的捍衛者，我感到左右為難。「怪，」我終於開口，「很怪。」然後我望著她。「就像夾處在兩個世界之間。」

我打量了前方的道路，更遠處的山區，也就是我們要去的地方，那裡已烏雲罩頂。

我想到自己曾代表美國和美國的企業殖民並控制世界。帝國殖民並控制部落和國家已數百年，擅自拿走它們的經濟、土地、人民、政府、心靈。先前以宗教、文明、西化之名，幹這樣的事，這一次則是拿「普及民主」當幌子。就在「普及民主」意味著在伊朗、巴拿馬等諸多地方推翻或暗殺民選總統之時——如果那些總統和他們的政策似乎威脅到美國的商業利益或霸權的話——在智利、沙烏地阿拉伯之類的確支持美國的諸多地方，力挺殘暴的獨裁者。此舉已製造出後來我們會看清的體制——失敗的經濟體制。

琳把手搭上我的手臂，把我的心思拉了回來。「這裡發生戰爭期間，你為瓜地馬拉政府工作，對不對？」我聽出了弦外之音：那個殺害馬雅人的政府。

「呃……」我在想該怎麼回答。「我其實從未為那個政府工作，總之沒有。」我看著她，然後回頭看著窗外，心裡想著該怎麼講我的複雜故事。

我父親是新罕布夏州供有錢人家子弟就讀的一所寄宿學校的老師。我完全照別人所期望的路走，拿到大學的全額獎學金，在企業裡往上爬，當上總部設在波士頓的美因（Chas. T. Main）顧問公司的首席經濟學家，那時我還不到三十歲。這職務我幹了十年，然後，因為理想破滅和不安於我在該公司的工作所帶來的後果而去職。接著我成了作家和教師，這時則是催化（Katalysis）的董事會一員。催化是非營利組織，助馬雅婦女自組微貸（microcredit）合作社。我知道她已讀過我的傳記，對此知之甚詳。但她此外還知道多少？就我來說，「首席經濟學家」其實是為掩護「經濟殺手」的身分。即使已卸下首席經濟學家之職，這些年我一直避談此真相，不讓人知道。

「那時我是顧問，」我告訴琳，不敢直視她的眼睛。「七〇年代我來這裡搞定世界銀行貸款。」我轉向她，強作笑容。「差不多就是這樣。」

「我以為你最近來過這裡……。」

「沒錯，當然……，」她打哪聽到這事？「但只是當美國工程公司史東與韋伯斯特（Stone and Webster）的顧問。」我停住不語。

她坐在我旁邊，等著……

「我的任務是與瓜地馬拉某公司談成協議，制訂一地熱計畫，」我補充說。

「瓜地馬拉公司？」她的語調似乎在問那個未明言的問題。

「沒錯，那家公司的老闆是某個統治家族。」我朝豪爾赫的後腦勺點頭。「這事我此刻不能談。」

她微微一笑。「我了解，但如果你想談，我會很樂意聽……。」她靠回椅背，閉上眼睛，然後說，「有時講出來是好事。」

聽了這話，我意識到自己真的想講。坐在疾駛向山區的路華汽車後座，我首度開始講我的故事……。

目次

第三部　改變夢想（一九八七～一九九三年）

第四部　把鵰族與大禿鷲族合為一體（一九九三年）

第五部　正視美洲豹（一九九三年）

第六部　埃維亞人的傳說（一九九四～一九九五年）

第七部　創造生命經濟（一九九三～二〇一七年）

第一部

被主觀認知困住（一九六八～一九七〇年）

我沒聽出他的言下之意是我或許可從間諜升級為經濟殺手。

第一章 歡迎光臨奇蹟村（El Milagro）

一九六八年夏，我在波士頓大學商學院就讀最後一年之前，娶了我最好的朋友安（Ann）。我堅決反對越戰，但我不認為自己反戰。我父親和叔伯打過第二次世界大戰，自認如果我在那個年代，也會和他們一樣參戰。我反越戰出於哲學理念，如同拳王穆罕默德．阿里所言：「我和越共他們沒有過節。」[1]

安的父親是海軍部高官，他最好的朋友是國家安全局的高階行政主管，而國安局是美國最不為人知——而且照大部分說法，是最大——的間諜組織。心想若能進國安局工作，我就能緩服兵役，於是我請「法蘭克叔叔」（安對他的稱呼）幫忙。他找來國安局負責招聘業務的一個官員提點我，以提高錄取機率。

我接受了一連串叫人吃不消的面試和心理測驗，在這過程中，身體一直連著測謊器。我坦承反對越戰，叫我大為意外的，面試官未追問此事，反倒把重點擺在我在任教於純男生寄宿學校的父親底下受到的教養、我對清教徒般父母親的看法和我這個窮小孩與那麼多有錢、往往追求享樂的預備學校學生同在一校園裡求學心裡的感受。他們提的諸多問題，有許多是鎖定我青春期沒有女人陪伴的心理感受，以及身邊有女人時我的侷促不安、我的害羞、我決意向那些過完聖誕假期回來、吹噓他們度假時如何狂歡作樂的有錢預備學校學生報復一事——他們度假那幾天，我都在學校體育館對著籃球框練投。後來我會知道，我對女人的執迷、我對名利的追求、我的憤怒，使我在面試官眼中成了一個可拐騙上鉤的人。國安局不在意我對他們已知道美國就要輸掉的一場戰爭的看法。他們只看重我易受擺布這一點；我會受誘上鉤。

那些面試後不久，法蘭克叔叔來電說我「錄取了」。

收到國安局通知錄取的隔天，我無意中發現和平工作團某招聘人員在波士頓大學辦的討論會。那人口沫橫飛講述了有助於讓他國人民與美國人交流的和平工作團計畫、把飲用水等好東西送到無力自行開發之村鎮的計畫。他也提到和平工作團志工有資格緩服兵役，一如國安局員工。他提到世上數個地方特別需要志工，亞馬遜河雨林是其中之一。他指出，在那裡，原住民過的生活和哥倫布到來之前他們在北美洲的生活差不多。

我家追本溯源始於一六〇〇年代的新英格蘭地區，在這樣的家庭長大，我著迷於邊區生活故事、法蘭西戰爭與印第安戰爭與美國革命戰爭，尤其著迷於我所熱衷了解的阿貝納基人（Abenaki）的故事——阿貝納基人在深山密林裡倖存下來，營狩獵採集生活，曾攻擊我祖先居住的拓居地。我喜歡讀《最後的馬希坎人》（*The last of the Mohicans*）、《西北航道》（*Northwest Passage*）、《莫霍克河邊的鼓聲》（*Drums Along the Mohawk*）之類的書，以及其他關於邊區戰爭的書。一如許多與我同齡的男孩，我把華特·迪士尼的邊疆開發者大衛·克拉基特（Davy Crockett）當成偶像。我夢想過那樣的生活。小時候我從未想到這些故事讚頌殖民行徑，而今，我已知道，殖民體制的存在，意味著來自外國文化的優勢群體控制本地人，以剝削他們資源；以竊取他們的土地；以操縱他們的經濟；以奴役或虐待他們的男女小孩；以強迫他們接受外來的宗教信仰、語言、文化；以透過暴力、囚禁和有時透過種族滅絕，使他們屈服。學校、書籍、電影向我灌輸的故事，使我看不到真相。讀七年級時，為了歷史課作業，我寫了短篇小說，講述住在我家鄉新罕布夏的歐洲移民和阿貝納基人交戰的事。一如教育所灌輸的，我把那些拓殖者描寫成英雄；但我字裡行間已明顯流露我對阿貝納基文化的著迷。老師把我叫到一旁，告訴我在亞馬遜河雨林仍有人過著那樣的生活。她拿出一張從小飛機上拍的照片給我看，照片中一個配戴插羽頭飾、纏著腰布的男子站在林中空地裡，一間茅屋旁邊，朝著低飛飛機上的攝影師彎弓欲射。那時我告訴她，「我非去那裡不可。」坐在室內聽和平工作團招聘人員講話時，我想起那一刻，認為去那裡的時機或許已到來。

我打電話給法蘭克叔叔。

「和平工作團？亞馬遜河地區。」他輕聲笑道。「太好了。去那裡，包在我們身上。你會學會另一種語言，會在跨文化技能和求生技能上得到磨練。完成之後，你可以回來為我們效力。」他停了一下，然後說，「或者可以受雇於民間公司而非政府。」

我沒聽出他的言下之意是我或許可從間諜升級為經濟殺手——我此前從未聽過且往後幾年也不會聽到的名詞和概念。那時，我不可能理解到有數百個受雇於民間公司的男女「顧問」，為美國政府和急速擴張的企業帝國效力。

安讓我相信她也想去亞馬遜河地區，相信她樂於報效國家、為需要幫助的人服務。我們加入和平工作團，被派去培訓營上了八星期的課，學西班牙語和與信用合作社和儲蓄合作社、衛生有關的事務，培訓營位在加州的埃斯孔迪多（Escondido）附近，原是天體營。最終我們通過初級西班牙語檢測。後來我才領會到我受的訓練，是為日後為殖民主義奮鬥而作的準備，但當時我看不出這點，也沒理由相信這是和平工作團的用意。

和平工作團把我們派到厄瓜多東部——大部分厄瓜多人所謂的 Oriente 地區——的

亞馬遜河雨林裡的偏遠區域。安會在那裡教基礎育兒術。由於商學院畢業，我會負責發展信用與儲蓄合作社。我在波士頓市立圖書館找到的那些文獻，有一部分把我們要去的地區稱作舒阿爾族領地（Shuar Territory），把它與美國早期的邊區相比擬。（有份資料說）舒阿爾族年輕男子若未砍下敵人頭顱並製成乾縮的首級，就不算成年或不能娶妻。舒阿爾族狠狠攻打全族公敵——鄰族阿丘阿爾族（Achuar）——本族的不同氏族間也激相交戰。

我們的飛機飛往厄多瓜首都基多，我愈來愈興奮。有個空服員遞來一份厄瓜多報紙，報紙上的顯著位置刊出一張乾縮頭顱的圖片，圖片的文字說明，我把它譯為「厄瓜多的野人攻擊德士古（石油公司）團隊」。凶猛的「印第安人」與文明力量勢不兩立。我所讀過的書和我所看過的電影，就這麼告訴我。我就要體驗大衛．克拉基特的生活。後來我理解到原住民在為保住自家環境、為免遭石油開採的恣意破壞而戰鬥，那時我才意識到上述看法的種族偏見和帝國主義有多明目張膽。他們為保護自己和孩子的性命而抗爭，使不受政府軍人和石油公司傭兵危害。

安和我在基多接受了又一星期的跨文化訓練，然後被送去和平工作團在昆卡（Cuenca）的地區辦事處。昆卡是安地斯山區城市，德士古和原住民起小衝突的傳言在該城四處流傳。在那裡幾天後，我們的地區主任吉姆開車載安和我到一個露天市場。

「你們在這裡上巴士，巴士會標往 Fin del Camino，」吉姆說。「意思是『馬路盡頭』。」然後他給了我們最後指示，還說「那不是這個村鎮的正式名稱，但看到一個寫有歡迎蒞臨 El Milagro 的指示牌時，就知道到了。」

「奇蹟？」安問，看來一臉狐疑。

「翻過來的意思就是如此。」他大笑。「別把字面意思太當真。但背後頗有故事。有個迷了路且挨餓的金礦勘探者在叢林四處亂轉了幾天，然後，照他的說法，天使的聲音把他帶到這個村。他把這裡稱作奇蹟，自那之後人們一直拿這事開玩笑。」

吉姆開車離去，留下我們置身於穿著南美披風、毛裙、長褲、說基丘亞語（Quichua）＊

＊原住民文化的某些詞語和部分，存在不只一種的拼寫和定義方式。我使用的是在我看來最普及的版本。在本書中，「蓋丘亞」（Quechua）一詞指安地斯山區大半的原住民。「基丘亞」則是厄瓜多境內大半原住民所操的語言（與祕魯的「蓋丘亞語」稍有不同的方言）。「基奇瓦」（Kichwa）則是與安地斯山區文化有親緣關係的亞馬遜文化，且與阿丘阿爾人、舒阿爾人不同的，操基丘亞語的一種方言。我避用「部落」（tribe）一詞，代之以較適切的「文化」一詞，或在許多情況下，代之以從法理上講正確的「部族」（nation）一詞，只有在提到帝國歷史時例外。

的人群裡。基丘亞語是安地斯山區最盛行的原住民語。其中許多人用繩子牽著豬或山羊，或者把雞關在粗製的木籠裡。嬰兒啼哭，某處的擴音器放著帶有靜電噪聲的音樂，樂聲響而刺耳，公雞啼叫，狗吠。空氣中瀰漫著刺鼻味，讓人覺得是腐爛水果、糞便、豬肉乾混合產生的氣味。

已到昆卡數日，但我們都只在這個城鎮充滿殖民時代氣息的迷人城區活動。這是我們首次體驗那時人稱「印第安人市場」（El Mercado Indio）的地方。我看著驚呆且沮喪的安，說「真是糟透了」，當下不知道有一天我會體認到這種市場是真正的資本主義，與正襲捲世上部分地區——我們稱之為已開發地區——且正在創造會被稱作「死亡經濟」的那種失靈體制的掠奪性資本主義截然相反。

「沒錯。」她嘆了口氣。「好在我們就要離開這裡，前去叢林。」

突然，響亮且不斷的汽車喇叭聲壓過其他聲音。人群往兩邊分開，出現一輛非常老舊之福特卡車的駕駛室，駕駛室後面，有個和人一般高的長木製車廂，似乎固定在原本是卡車車架的部位上。車廂漆成像是由許多花朵交織成的一道彩虹，但漆色已褪而且佈滿泥土。車廂側面開了一排不規則排列且邊緣參差不齊的洞，洞口蓋著透明塑膠布充當窗子。卡車停住時，我們看到標牌：Fin del Camino。

「那就是我們要搭的巴士？」安倒抽了口氣。

男女小孩往前擠過我們身邊，身後跟著他們的豬、山羊、雞，爬上木製車廂。

「Fin del Camino? Fin del Camino?」有個男人穿著破舊上衣朝我喊。

我點頭。

他把人推開，把我們推過車門，推入車廂裡。尿騷味和汗臭味迎面撲來。我往下瞧了一排排粗製長椅，都已被乘客和他們的牲畜坐滿。我覺得自己好似被人用大錘猛擊了肚子。

那個穿破舊上衣的男子，用基丘亞語對著坐在前排長椅上的一對老夫婦說話，口氣很不客氣。兩夫婦未發一語，緩緩起身，往車廂後面走。那男子說，「Para los gringos（外國佬的座位）」，指著空出來的座位。

「我們 gringos（外國佬）該接受這安排？」安問。「這樣似乎不對。」

「這的確給人高人一等的優越感，」我說。「但我覺得我們該接受。他們認為我們該接受。」享有特權地位讓我覺得內疚，但我想要前座的位置，不久我就加了一句，「如果我們改座位，那個把我們安排在這裡的男子說不定會生氣。他很可能是司機。」

我們坐下，在木製車廂裡，與豬、山羊、雞一起待了幾個小時。乘客身上發出的氣味臭不可聞，我不由得想像他們其中某些人其滿是汙垢的粗麻布袋裡裝了腐爛的屍體。那些麻布袋或擺在他們大腿上，或堆在狹窄走道上和頭頂上的架子上。

我們一再聽到有人講 gringos 這個詞，但聽不懂他們在說我們什麼，因為他們若非講基丘亞語，就是講西班牙語，而西班牙語說得太快，我們根本聽不懂。但從他們的語調和大笑聲研判，我們是大肆取笑的對象。

那天下午三至五點間，巴士歪歪斜斜疾駛在曲折的道路上，不時還打滑，我一把抓住午餐袋，迅速將袋裡的東西遞給安，然後朝空袋裡嘔吐。

我後面的女人輕拍我的背，輕聲說著基丘亞語，遞給安一個小籃子，坐她旁邊的男子用雙手比畫，示意我可以吐在那裡面。這一舉動表明他們的慷慨大度，而我日後會體認到那是安地斯山區人民的特點。再怎麼窮或再怎麼反感於我們享有的特權，他們仍舊慈悲為懷，不吝於施捨。

後來安論道，「你也知道的，世界各地有數百萬人一直是這樣子旅行。身在美國的我們獨天獨厚。我們把自己享有的優越地位視為理所當然。」

這趟巴士之行——我被讓予前座的位置，暈車暈到嘔吐，然後得到後座兩夫婦的好心幫助——令我汗顏。我們的確享有特權。此後餘生我會一直記得這點。

安地斯山高海拔地區的景象出乎我意料。並非風景如畫，而是顯得荒涼。在此居住、務農的人，過的是在我看來不可能過得了的生活。有時我們會經過一間很小的土磚屋，會瞥見附近農田裡有人彎著腰在幹活，在近乎垂直的山坡上努力種作物。這些景象令我生起的感受，焦慮不安更多於其他。接下來兩年，我有辦法在這裡生活？我有這些人所擁有的體力或毅力？承受力？生存能力？我擔心自己應付不來未來我在生活方式和心態上該有的轉變。

我閉上雙眼，竭力不去想這個地方和在我看來似乎黯淡無光的未來。我逼自己去想離美前在書本裡讀過的厄瓜多史。隔著罩在車窗上的塑膠布，映入我眼簾的車外之人，安地斯山土著，他們被印加人征服，被迫接受印加人的語言、經濟制度、文化。然後，入侵的西班牙人打敗印加人，帶來天主教、西班牙語和西班牙式封建制度。這時，我腦海裡浮現另一件事——美國正欲將越南納為殖民地。想到我的國家正在走暴力帝國的路，我心裡不安，但那也使我再度意識到自己何其幸運不在越南。

路途中我們在路邊「客棧」度過一晚。那是棟年久失修的木頭建築，我們的房間要經由屋外很不牢靠的樓梯上去，房裡的家具只有一個會搖晃的木頭凳子和一個架了繩網的木頭架子。繩網上鋪了一張又髒又薄的墊子，墊子上的裝飾似乎出自特別愛用黃色塊的瘋狂藝術家之手。我們攤開睡袋，鋪在那墊子上，由於疲累，很快就墜入夢鄉。

那天深夜，因為尿急，我不得不去我已看過的戶外廁所，那間惡臭且有老鼠跑來跑去的廁所。我的腳一碰到地板，地板就動了起來。蟑螂！我迅速把腳縮回床上。然後，我想起安那番我們得天獨厚、把自己的優越地位視為理所當然的話。我竭力勸自己，牠們無害，其他每個人肯定都要和牠們打交道。我放下腳，跨出一步，再跨一步。雙腳嘎吱作響的踩過蟑螂，下樓梯到戶外廁所。

隔天早上，建築和巴士都罩在薄霧裡。與我同車的旅人，有許多人以「Buenos días」（西班牙語「早安」）、爽朗的笑容、好奇的表情，向我們打招呼。我意識到，安和我覺得他們和這一路的點點滴滴新奇陌生，他們同樣覺得我們新奇陌生。我身高六呎，有著鬈曲的淺褐色頭髮，比他們大部分人高。安白裡帶紅的長髮、牛仔褲、高筒皮靴，是他們每個人都未親眼見過的——只有巴士司機例外，他以篤定口吻告訴我們，他在某部好萊塢電影裡看過她。

那天，我們的第二天，巴士頻頻在小路上停車好讓乘客和牲畜下車，乘客和牲畜下車後，消失在霧裡或偶爾出現的土磚小屋裡。巴士在安地斯山區往下駛往叢林時，民房愈來愈難見到。巴士行駛在高懸於山腰的土路上，路旁就是河水湍急的深谷，途中有時打滑，逼近土路邊緣，驚險萬分。車外景象從乾燥的高山轉為陡峭的谷壁，谷壁上覆蓋著茂密的雲霧森林。民房由土磚屋變成木板房，木板用手劈成，搭設成與地面垂直而非平行。

經過將近兩天多次停車放下乘客和一個蟑螂橫行的夜晚，巴士空蕩蕩，只剩下三個喝醉的梅斯蒂索人（mestizo，西班牙人與原住民的混血兒）、安和我。中午左右，巴士在有幾間簡陋小屋的小聚落噗哧噗哧停住，聚落周邊全是濃密森林。

我往外瞧，看到馬路到此就沒了，盡頭處是一片樹林，再過去就是叢林。從成堆的丁字鎬、鏟子和一台老舊的推土機研判，這裡是築路工人的臨時住所。一群衣衫破爛的蓄鬍男子坐在長條桌邊吃午餐，破爛衣服上滿是結塊的泥土。幾匹馬拴在簡陋的拴畜欄杆上，旁邊有標牌寫著 Para alquilar（出租）。

我們坐在車廂前頭，不知道要幹什麼。三個同車的醉漢帶著粗麻布袋搖搖晃晃走過我們身邊，每個都和我們握了手，含糊說著我們聽不懂的話，但我們把那當成加油打氣的話欣然接受。他們把我叫作「Mister Gringito」（外國佬先生），把安叫作「Mistera Gringita」（外國佬小姐），而在厄瓜多為和平工作團效力期間，當地人都這麼叫我。

我們下了巴士，走向那張長條桌。那些男人呆呆望著安，好似從未看過像她那樣的人。我用西班牙語問「奇蹟村在哪裡？」其中一個男子指著那些馬。我們向馬走去。

「牠們好小隻，」安說。「跟我預想的不一樣。」

「原用來給厄瓜多人騎，而非給我們這些長得太大隻的外國佬騎。」我轉向看來是馬匹主人的男子，用我的蹩腳西班牙語問牠們能不能把我們載到奇蹟村。

「Claro，」他說。意思是「當然沒問題。」他做出全球通用的金錢手勢，拇指來回摩擦食指指尖。「Tres dólares。」

「三美元，」我對安說。「我認為該這麼辦。」

我們租了三匹，一人騎一匹，另一匹載我們的背包。有個赤腳男孩，大概是老闆的兒子，會徒步陪我們走；我們得知，他的職責是為我們帶路，在我們抵達目的地後，把馬帶回去。

我的馬吃力走在往往深及我膝的泥地上，在我的重壓下走得氣喘吁吁，不時發出哼聲。我為這頭可憐的動物叫屈，幾乎就和為我自己叫屈一樣。但我不想下馬、自行涉過泥地。我使盡力氣緊抓著韁繩。

往回瞧，我看到那男孩在馬道上方的山脊上跑，一路穿過樹林、灌叢、泥地，對著馬大喊，每當我們走到叉路，就用一根長棍指引牠們方向。我看他約十歲。他未上學，而是辛苦帶我們去目的地。「得天獨厚」一詞再度響起於耳邊。

途中，一度因為一場我從未經歷過的滂沱大雨，我們全身溼透。背包裡有塑膠雨披，但根本來不及拿出來穿。我們只好任由雨淋到溼透。

下午三至五點間，我們來到一處破爛的木頭指示牌，牌子斜斜釘在樹幹上：「Bienvenidos al Milagro」（歡迎蒞臨奇蹟村）。這幾個用手寫上的字破損不堪，但看到它們，我還是鬆了口氣——這趟苦不堪言的旅程就要結束。我們已抵達目的地，奇蹟村。我開始重燃在基多時那股熱情。

一看到這鎮上，我剛燃起的樂觀瞬間又垮了。我不知道自己原以為會來到什麼樣的地方，或許是個帶有迷人古老風情的迪士尼式村莊，但這裡根本沒有迷人的古老風情，比我可能想像的或希望見到的都還糟糕。一塊寸草不生的泥濘土地，其邊緣林立著十餘間小屋。小屋以用手砍劈而成的粗製木板搭成，牆上泥漿斑斑，那些木板，一如先前所見到的，與地面垂直，看去像是隨時會散掉。皮包骨的狗朝著我們的馬腿狂吠。光著身子的小孩朝我們跑來，一路濺起爛泥。他們朝狗丟石頭，對我們喊著我聽不懂的話。

我對著安瞧。「我覺得越南說不定會比較好。」

她對我淺淺一笑。「別自欺欺人。」

「妳可以回家去，」我說。「我不會因此怪妳。」

她朝我比中指。

我很不開心，覺得我們完了，要被困在這個多雨、泥濘、巴士糟糕透頂、人骯髒、牲畜散發惡臭的鬼地方。我想像叢林裡充斥著吃人蛇、吸血昆蟲、會危及生命的細菌。如今，回頭看，我為自己當時充滿強烈偏見的看法感到丟臉。那時我當然不知道自己後來會不由得一再回到這個地方，或會愛上這片叢林和其中的居民。

某處傳來一聲大喊：「Hola gringo!」（哈囉，外國佬！）有個男子穿過成群孩童向我走來，雙臂往外大大張開。他咧嘴而笑，好似找到失散多年的親人。「我是馬塔教授（Mata），學校老師，」他用西班牙語說。

他穿卡其寬鬆長褲和在店裡買的襯衫；褲子和襯衫都皺巴巴而且被汗溼透。他的微笑更加突顯他前門牙處的一顆金牙和金牙右邊缺了牙。後來我會知道，除了他的幾個年輕學生，他是這裡會講西班牙語的少數人之一，其他人講舒阿爾語或基丘亞語。「歡迎蒞臨奇蹟村，我們的小小學城。」他抓住我們的馬繮，讓我們方便下馬。他握住我的手上下猛搖，說「你們是和平工作團答應派來的農業專家。」

「農業專家？」我下了馬，其實是從馬背上跌下來，臉差點趴在地上。我竭力擦掉被雨水淋溼之長褲上的泥土，眼睛往群集的人巡了一遍。他們直直盯這些闖入他們地盤的外來陌生人。「我對農業一竅不通，」我用我的破西班牙語說。

「你一竅不通？」他驚訝的把我往後拉。「但我們要的是那樣的人。」

我肚子一陣絞痛。「抱歉，教授。廁所在哪裡？」

「那邊。」他指向樹林。

我飛奔過去。兩塊手劈的木板架在溪上，兩木板間有個洞。一捆棕櫚樹葉掛在上方的大樹枝上。我小心翼翼走上木板，深怕滑倒，然後做了我來這要做的事。木板是溼的，上有一坨坨爛糊狀的褐色東西，我勸自己那是泥巴。

回到馬塔教授身旁時，他身邊已圍了愈來愈多的人。安在她背包裡翻找東西，或許更可能的，只是想避免回覆提問。「如果你不是農業專家，幹嘛來這裡？」馬塔教授問我。

為了逃避兵役。但我當然不能這樣說。我盯著安。

她丟下她的背包，過來站在我旁邊。「信用和儲蓄，」她用英語低聲說。

我轉身面對馬塔教授，竭力擠出笑容，結結巴巴說起在加州和平工作團培訓營學到的西班牙語。「Estoy aquí para formar una cooperative de crédito y ahorros.」（我來幫你們成立一個信用與儲蓄合作社。）

「信用與儲蓄合作社？」他用西班牙語再講一遍，盯著我，一臉不可置信。「你在開玩笑吧！」他皺起眉頭。「你在開玩笑，對不對？」

我搖搖頭。

他指著我們周邊零落的小屋。「什麼信用？什麼儲蓄？我們沒錢。拿自己種的木瓜換別人種的香蕉……。」

美國政府教人西班牙語，然後把人派到大部分人講舒阿爾語或基丘亞語的地方；要人受訓八個星期學技能，結果那些技能在派駐當地的兩年或更多年裡完全無用武之地。

接下來幾天，安和我竭力適應叢林生活。和平工作團未想到安排我們的棲身之處，因此馬塔教授表示我們可住在他家一樓的一間小房間裡。他的房子不大，卻是這個鎮裡最大、蓋得最安穩的房子。房子蓋在陡坡邊緣，從屋子前部、大門往外望去，就是人人口中所謂的「廣場」（La Plaza）——我們下馬的那塊泥濘地，小孩拿用紗線製成的球踢球的地方；這裡也是全鎮的社交中心。我們房子後部靠支柱撐著，支柱比我還高。我們的房間是木頭地板，但缺了幾塊木板，從缺口可看到底下的汙物。我們習慣了下方打滾的豬所發出的惡臭，發現那些缺口用來夜裡尿尿很方便。唯一的問題是我們瀉下的尿引來更多豬。我們房間的牆發霉，但我們慶幸有牆，讓我們得以暫時擺脫當地人好奇的窺探，他們似乎時時在注意我們的一舉一動。我們裹睡袋睡在地板上。馬塔教授住在我們樓上較寬敞的房間裡，上去要爬梯子。這棟房子鋪了鍍錫鐵皮屋頂，下大雨時像有千隻鼓在打，非常響，而大雨每天下，下一個小時左右。

我們在這個小鎮四處亂逛，驚嘆於這裡人的堅忍和他們歡迎我們的熱情。他們知道我們來做不可能做到的事，成立一間信用與儲蓄合作社。由於這個國家曾遭外國人剝削，由於我們北邊約一百英哩處原住民和德士古正起衝突，他們理當對我們的動機心存懷疑；但偶爾，每個人面帶微笑過來，與我們握手，把名字告訴我們。

馬塔教授在他樓上房間提供我們一天兩餐。他的好客，最初令我們驚訝，畢竟我們不具農業專長令他失望。但驚訝很快就轉為驚愕。每餐吃的幾乎都是一顆煎蛋加曬乾的木薯或大蕉，而且每次用餐完，餐盤都用髒抹布抹乾淨。煎食物的油是用肉榨出來，又黑又油而且重複使用多次，煎出來的東西叫我難以下嚥。偶爾，他招待我們一碗很油的湯，湯裡有一塊帶骨雞肉或魚肉和類似麵條的小東西，他告訴我們那小東西是難得的美食——從腐爛樹裡扯出來的蛆。亞馬遜河地區的人知道河水不能喝，因為內含來自倒木和動物屍體的有機物質，因此他們喝齊恰（chicha）。那是啤酒的一種，製作時女人把木薯根泥放進嘴嚼，把汁液吐進碗裡，靜置讓其發酵。第一個星期，我們喝了加了碘片的濁水，碘片來自我們和平工作團的醫藥箱，入口味道不佳。但碘片用光後，我們就只能喝齊恰。雖然反胃，我們別無選擇，只能吃喝當地人日常飲用的這些東西，而且我們為了這些東西每週給馬塔教授兩美元。

安和我常回頭談起美國人得天獨厚這個主題。我們在美國的生活，包括大又陳設齊全的房子、擺了數百種食品的食品雜貨店、隨時能取得的健康照護和其他許多生活便利設施，而我們非常清楚那樣的生活與這些人的生活的差別。

奇蹟村不是典型的舒阿爾人村。誠如馬塔教授所說的，它是「個學村」，在此定居者是被迫離開安地斯山區過度擁擠且貧困之村鎮的人。他們被稱作 colonos（拓殖者——後來會讓我覺得深具意涵的一個詞）。「舒阿爾人不像我們住木板屋，」馬塔教授接著說。「他們住的是茅草屋，許多人擠一間。」他搖搖頭，露出嫌惡表情。「非常原始。」然後他又說，「這裡有許多小孩是舒阿爾人。他們來我的學校學西班牙語和算術——因為他們的地被石油公司毀了，或者⋯⋯」他停頓一下，「因為他們的父母死於襲擊。」

我問，「那麼部落戰爭還在打是真的？」

「沒錯，舒阿爾族的不同氏族間有世仇，舒阿爾人與阿丘阿爾人間有世仇，已好幾代。」他輕拍我的背。「但你不用擔心，他們不會攻擊在這裡的我們。我們是受他們法律保護的學村。」

我很納悶那些法律執行有多徹底。

就在此時，我想起另一件事。新英格蘭人三百年歷史的薰陶，把一條戒律植入我心裡：「上帝交付你一項工作，你做就是了！」我被派來組建信用與儲蓄合作社。那是我的工作，儘管馬塔教授要我別白費力氣，我還是決心一試。

和平工作團把我送到叢林，在我背包裡塞滿了吹捧信用與儲蓄合作社之好處的連環漫畫書。彩色印刷，文字是西班牙語。它們出自美國新聞署（US Information Service）之手；該機構被簡稱為USIS，但我漸漸覺得是USELESS（沒用）。

每天早上，我跟著太陽一起起床，把那些連環漫畫書遞給要進叢林砍柴、採集食物和草藥或打獵的男女小孩。安開了一個診所，在那裡，她用受訓時學到的衛生知識，教母親如何清洗孩子的傷口、昆蟲咬傷，抹上我們急救箱裡的紅藥水。

每天傍晚，我站在村中央演說。我用我的破西班牙語講述我的主題（信用與儲蓄合作社的好處），不知道有沒有人聽懂我說的。我只知道這是我的工作。

令我驚訝的是，每晚出現的人愈來愈多。有些人走數小時穿越叢林過來，再摸黑回家——沒有手電筒。馬塔教授錯了。新英格蘭人的鍥而不捨奏效！或者說我這麼認為。

然後，有天早上，我帶著一疊連環漫畫書要去叢林邊緣時，有個小女孩跑過來，碰我的手臂，然後一溜煙跑開。一兩分鐘後她又過來盯著我瞧。

「你為什麼沒變成塵土？」她用結結巴巴的西班牙語問。

「什麼？」。

「塵土？」她看著天空。「星星的塵土。」

「stardust，」我用英語說。我不曉得這個詞用西班牙語怎麼說。「星星的塵土，」我照她說的再講一遍。

她點頭。「沒錯。」

「為什麼？我。星星的塵土。為什麼？」

她瞧向森林。「我哥哥……」她示意站在樹影裡的一個男孩，「說你來自那裡。」她一根手指往上指。「我碰你，你會變成塵土，星星的塵土。」她回頭瞧她哥哥原來站的地方；他不見了。她跑進森林，嘴裡叫著他。

我一個人站在那裡，凝神思索這些孩子以為我來自外太空一事。

馬塔教授走過來。「大家對你很困惑。」

我盯著他。「我是星星的塵土。」

他點頭。

「但他們來聽我演說。信用與儲蓄合作社。」

「那是你自己認為。」他露出笑容。「有沒有注意到這裡沒有收音機？沒有電視機。沒有電。」他停頓一下。「也沒有報紙或雜誌。」又停頓一下。「我差不多是唯一看得懂它們的人。」

我頓時醒悟。「你是說……。」

「你提供了消遣。」

我怎會這麼蠢？這下我才知道，在小孩眼中，我是外星人；對成人來說，我如同深夜喜劇電視節目。每晚播出！

第二章 阿亞瓦斯卡

有天早上，安出門去另一對夫婦那裡待上幾天，那對夫婦是和平工作團志工，住在鄰村。這兩個村透過步行往來頻繁，那對夫婦請人捎來口信，邀安前去參觀那位太太已設立的診所。該診所是為讓當地婦女更認識現代衛生和育兒而設立，經營得很成功，比安目前只教人清洗傷口、抹紅藥水更上了一個台階。

安離開幾小時後，我突然劇烈痙攣。我爬到房間地板的缺口邊，往裡面吐，一吐再吐。然後腹瀉。那一天，我吃什麼吐什麼，幾乎站不起身，身子冷得發抖。我把睡袋和背包拉到缺口邊，服下我帶來的和平工作團小急救箱裡的藥。我祈禱，冥想，完全不管用。到了深夜，嘔吐、腹瀉更嚴重。除了痛，我還很害怕。我幾乎睡不著，後來真的睡著，醒來時一身汗。

隔天早上，我胃裡空空，劇烈乾嘔，發高燒。我拚命找脫身辦法。要去最近的醫生那兒，得走很長的路和搭叫人苦不堪言的巴士。我根本禁不起這樣的折騰。馬塔教授端了熱粥給我，我卻不想吃。我認命等死。

那天下午三至五點間，馬塔教授帶一個舒阿爾族男子過來，我躺在睡袋裡。看著他，我覺得自己肯定神志不清。他滿是皺紋的臉上有嚇人的黑色花紋——一條蛇從一邊臉頰經過下巴滑行到另一邊臉頰，一枝雙頭矛橫陳在他額頭上，從鼻子往各方射出的線條像美洲豹的鬚。他珍珠般的白牙長得真好，與馬塔教授的牙齒形成強烈對比，簡直像是人工的。他光著上身，穿著褐白條紋裙，裙襬幾乎及於他的光腳。筆直黑髮垂到他背部一半位置。在我心裡，他就像我所讀過要奔赴戰場的凶狠印第安人。

「我是恩察，薩滿僧，」他說，經馬塔教授翻譯。

「薩滿僧？」這時是一九六八年；我不知道那意味著什麼。

「信仰療法術士？」馬塔教授說。

巫醫！就是巫醫！就像我在電影裡所看過，對穿越美國西部平原的馬車隊施法的那些人。他在我最脆弱的時刻過來，報復我拿信用與儲蓄合作社腐化他族人的心。我很害怕又無力抵抗。

恩察抓住我雙手，把我拉起來。我想抵抗，但身子發抖，虛弱無力。他身高只及我肩膀而且看來年紀很大，但手勁很大。馬塔教授從後面扶著我。

恩察用他的墨黑色眼睛上下打量我，從頭到腳仔細巡了一遍。他定定盯著我眼睛，似乎要看透我的心。然後他在我面前擺動他粗糙的一根手指，對馬塔教授輕聲說了什麼，馬塔露出奇怪表情。

「他說什麼？」我問，音量弱到我自己都幾乎聽不到。

馬塔教授遲疑了一會兒，然後低聲答道，「他說你快死了。」

我身體開始抖得更厲害。「讓我躺下，」我說。

馬塔教授跟恩察說。他們扶著我躺下，躺在我的睡袋上。

恩察在我身旁跪下，俯身過來，咕噥說了我聽不清楚的話。馬塔教授皺起眉頭。

「他說死是好事。」

後來我才知道舒阿爾人相信輪迴轉世，這個薩滿僧認為我談信用與儲蓄合作社那些話證明我腦筋不正常；該是時候投胎轉世。我突然開始啜泣。

馬塔教授在恩察身旁跪下，恩察對他低聲說話。馬塔教授露出微笑，但瞬間又皺起眉頭，搖頭。他們交談了很久。即使發著高燒，我都覺得那像是在爭辯。最後恩察舉起雙手，起身，走開。

馬塔教授看著他走開，然後轉身看著我。他一語不發，只是盯著我看。

「拜託，」我請求道。「剛剛怎麼回事？」

「他告訴我他有辦法治好你，」他說。

「真的？」

「但要治好你很危險。」

心裡猛然害怕起來。「你是說……要殺了我？」

「不是啦。」他停頓了一下。「對他和我很危險。」他站起身，雙手在他的長褲上擦了擦。「他能治好你，然後我們其他人會有危險。」

心裡浮現一絲希望，同時絕望。「為什麼？」

「這是個傳教村。」他往敞開的大門望出去。我跟著他的視線望向廣場，望向廣場另一頭那棟發霉的木建築，那建築門口上面釘了木質小十字架。

我腦海浮現一個想法。我得說服他。「耶穌是信仰療法術士，讓拉撒路死而復生。」

馬塔教授撫摩他下巴的鬍茬。「是沒錯。」他往下看了我一眼。「而且被釘上十字架。」他走到門口，又走回來。「你也知道，我的學校靠天主教會支持。」他再度跪坐。「教會和厄瓜多政府明令禁止這些薩滿僧所做的事。」

我很困惑。「薩滿僧會做什麼？」

「他們用到某種植物，製成某種茶，給你喝。」

「有毒？」

他搖頭。「那會改變你，改變你的心。」

「類似LSD迷幻藥？」

「那是什麼東西？」

「大麻？」

「那個千萬別試。」

「你用過那個植物，薩滿僧的植物？」

他神祕兮兮看了一下四周。「這我不能談。」

「你有，對不對？」他沒回答。我非要問清楚。「有幫助嗎？」

他伸出一根手指貼近嘴脣，點頭。

我奮力從地板上撐起身子。「我要那麼辦。」

馬塔教授說了什麼，音量低到我幾乎聽不見，對著額脣胸口畫了十字，露出大出一驚的表情。「或許，」他說。「那能救你，但……」他輕撫下巴。「但你要答應絕不可告訴別人。」

一股興奮，加上希望，浮現心頭。「當然。」

「任何人都不能說，連你太太都不行。」

「絕對做到。」

「如果教會或政府查出有個舒阿爾族薩滿僧對外國佬做了這事，他們會把他關進牢裡。」他往上看，又看了四周。「或更慘的事。」他往門外凝望。「我也會，」他低聲說。「你說不定也會。」

「我不會跟人講，」我保證。

日落後，馬塔教授和一個舒阿爾族年輕男子扶我搖搖晃晃穿過叢林，去恩察家。我覺得神志不清，但胃是空的，已不再嘔吐、乾嘔。

恩察家叫我覺得出奇熟悉。房子是橢圓形，屋牆以劈開的木條搭成，木條與地面垂直。我們進屋時，我儘管害怕且虛弱無力，還是感到如釋重負。地板是夯實的土面，但看來乾淨，一塵不染。拱狀屋頂用棕櫚葉精巧編織而成，挑高和三或四個男子站在肩膀疊羅漢一樣高，因此室內寬敞通風。木條間有縫隙，從屋內可看到外頭叢林。中央附近悶燃的火冒出煙，煙繚繞我們身邊，竄進上方的樹葉裡，有個女人在火邊低聲唱歌。

我被扶著在木頭長椅上躺下。環顧四周，熟悉之感更為強烈。我肯定以前未見過類似這的地方，但覺得似曾見過。我認為或許煙味和火讓我想起在新罕布夏木屋的火爐前度過的夜晚，小時候我在那木屋度過幾個夏天。也或者說不定是背景處那女人輕柔的歌聲。然後我想起來。我見過這個地方——在七年級歷史老師給我看的那張照片裡和電影裡。它類似根據小說《西北航道》改編電影裡的那些房子；這個地方讓我想起一七〇〇年代我家鄉新罕夏州境內阿貝納基人所住的房子。

馬塔教授和那個年輕男子把我連同長椅一起抬起來，抬到火附近，正對著一只木凳，木凳雕製成類似陸龜。他們扶我起身，讓我靠椅背坐著。馬塔教授把一條毯子墊在我背後，以防我倒下。

火的另一頭，從瀰漫著煙與薄霧的漆黑夜色裡，出現一道人影。恩察。就著火光，他的臉孔更加嚇人。波狀紅色線條，劃過刺在他臉上的黑紋，他走向我時，紅線條似乎在跳動，叫人不寒而慄。他全身上下只穿了纏腰布、一顆垂掛在橫胸皮帶上的大尖牙、插了羽毛的頭巾。他對我舉起雙手，咕噥唸著像是咒語的東西，轉過身，開始繞著悶燃的火緩緩移動。隔著詭異的迷霧，他的動作似乎毫不費力，猶如叢林豹的身手。突然他開始晃動手搖鈴，反覆的吟咏，嗓音低沉不似人聲，較似動物的低吼。

最初我反抗，想撐起軟弱無力的身體離開長椅，爬走。但我知道那會是白費力氣。我病得太重。我告訴自己，如果他或馬塔教授要我死，只要丟我一人自生自滅即可，何必這麼大費周章。這個薩滿僧是我唯一的希望。然後我再度生起那股此情此景似曾相識的奇怪感覺。我逼自己放鬆，接受會有的遭遇。

恩察似乎立即察覺到我心境轉變。他轉向我，一手從火堆裡舉起一根燒著的柴枝，對我揮舞，走到我長椅旁，另一隻手在我面前晃動那個手搖鈴，那東西極貼近我的臉，我能感受它激起的微風。

兩天來第一次，我想徹底察覺自己身邊的動靜。我找那個原在唱歌的女人，但她已不見人影。我仔細看著恩察在我前面的陸龜狀凳子上坐下，繼續搖那個手搖鈴和燒著的柴枝。他的吟咏更加大聲。

然後，吟咏停住。寂靜無數，只有屋外森林裡樹蛙和昆蟲尖銳的叫聲。恩察把燒著的柴枝丟回火裡，一動不動坐著，面對我，如此似乎過了很長時間。火光在他身後，我看不出他的表情，但我感覺他看著我，猶如那天下午那般打量我。然後他把手搖鈴放在長椅上，我的身邊，回去火邊，從地板拿起一個瓢、一只杯子，回來，坐在凳子上，把瓢裡的液體小心倒進杯子裡。他俯身對著杯子，朝杯裡低聲說話，抬頭看我，然後往杯裡吹氣。

「喝掉。」馬塔教授的嗓音把我嚇了一跳，我感覺到他舉起我的手；杯子碰到我手指。

我身子前傾。手整個握住杯子時，我的身子開始要倒下。

恩察把我推回長椅。他抓住我的手，把杯子推到我嘴邊，斜起杯子。

「喝掉，」馬塔教授又說。「全喝掉，立刻。」

那是我所嘗過最噁心的東西。我噎到，想吐。

他們兩人都輕聲笑。恩察摸我額頭，含糊說了些什麼。

「什麼？」

「夢，」馬塔教授幫我翻譯。「觸摸美洲豹。」

「美洲豹？」我往四周瞧，嚇得不敢動。

馬塔教授解釋道，「對舒阿爾人來說，美洲豹是有力象徵。如果在即將到來的異象裡看到牠，不要跑掉。不要否認自己害怕的東西。伸手觸摸它們。吸取美洲豹的能量。讓美洲豹引導你做出改變你、使你健康所必需的動作。」

我躺在長椅上，覺得天旋地轉。有光閃現，但最強烈的感覺是暈眩嚴重。我的胃開始糾結。我想吐，但吐不出東西。或許半小時後，再度乾嘔，非常厲害。薩滿僧念念有詞，用樹葉掠過我身體。然後，突然有東西從我嘴裡噴出。橘色液體，然後是猙獰的蛇、嘔心的爬蟲類怪物、蠕動的蟲，牠們跳到地上，變成樹。

這時我知道自己產生幻覺，知道恩察給了服了晚近已風行於亞馬遜河地區之外、但我從未聽過的東西：用幾種植物製成的茶，基丘亞語稱之為阿亞瓦斯卡（ayahuasca，死藤水）。

終於不再嘔吐時，我躺回長椅。眼前開始閃現更多影像。最後，幾何狀圖案和成串發亮的螢光珠子。這些東西演變成新罕布夏州的一個男孩。就是我！我看到他被教養成常洗手、就著充分洗淨的盤子吃乾淨衛生的食物。然後我看到自己就著髒盤子吃生蛋、油膩的大蕉、蛆湯，喝吐出來發酵製成的啤酒，齊恰。

在恍惚中，我看到自己吃了那些食物，喝下那啤酒，因為就只有這些東西可吃喝。我母親出現。「這食物和飲料會要你的命，」她說。突然，她變成美洲豹。美洲豹站在我前面，呲牙咧嘴，低吼。

「觸摸美洲豹。」恩察的話語迴蕩於叢林。

在異境中，我向美洲豹靠過去，伸出手摸了牠。牠消失不見，我看到舒阿爾族男人和女人。他們健康、強壯，其中有老人。有人說話。「我們之中許多人活到很大歲數。我們的食物新鮮健康，使我們身體強壯。我們喝齊恰，因為它淨化河水。」

薩滿僧停止吟詠。只剩下來自叢林的聲音，樹蛙、蝙蝠、昆蟲、夜鳥的叫聲。我睡著，睡得很沉。

醒來時，太陽已高掛。令我驚訝的，我不再痙攣，不再作嘔、發燒或腹瀉。我很餓。躺在那長椅上，我理解到不是食物和飲料差點要了我的命，而是我的心態，我認為那些食物和飲料會要我命的想法。我被主觀認知困住。體認到這點，我感覺自己變了個人。我從牆壁木縫間盯著外面的森林瞧。森林看來比以往還綠，不那麼讓人生畏。我深吸一口氣。空氣變得更清新。我深刻體認到自己害怕食物和飲物，害怕叢林，其實是害怕不同、陌生、未知的事物。我的人生有許多時候在害怕改變中度過。

恩察和馬塔教授過來，站在我旁邊。「你已康復，」恩察用西班牙語說，笑得很燦爛。

我向他道謝，他舉起一根粗藤，約和他手臂一樣長。「這個治好你，」他說。「阿亞瓦斯卡。你從死到生，變了身。」

我們三人走到屋外。我向叢林張開雙臂，大大喊出感謝。我覺得身心舒坦。恩察輕拍我的背。「很好，」他說，然後用結結巴巴的西班牙語——偶爾有馬塔教授幫忙——告訴我，我來到他的村子前，有他稱作 Los Sabios（智者）的人，置身藍色球體裡，從空中現身，前來見他。

「你是說天外來客，來自別的星球？」我問。

「過去，薩滿僧，」他說。「他們變身，比我們聰明，去別的星球，沒錯。但不是坐飛機之類金屬管狀物去。他們透過」——他指著自己的頭、然後心，發出粗嘎的笑聲——辦到……。」他說他們告訴他，正在遙遠異地摧毀地球的人會派一個人過來當他的學生。他說舒阿爾人把我的人和我們的石油公司看成他們最害怕的東西；正視那些令人害怕的東西並採取行動使石油公司無法近身，是他的職責。他一直在等像我這樣的人。「你會是薩滿僧，」他說。「所以你能改變你們的人。」他露出笑容。「你會是我的第一個外國佬學生。」

我有商學院學歷，而且那時候，當薩滿僧沒前途；但恩察救了我一命，我不得不默然同意。此外，他和他的植物做到了我覺得不可能的事。我有了更深入探索其中奧祕的念頭。

馬塔教授向恩察說，那得是祕密傳授。「任何人，」他說。「連他的太太，都不能知情。」薩滿僧微笑，欣然點頭。

那天下午三至五點間，安回來。我們擁抱，互訴思念之情；她完全不知道我曾遭遇的事，我信守諾言未告訴她。她很欣賞另一位志工已開創的育兒計畫，告訴我她打算在這裡如法炮製。

馬塔教授主動表示願幫我們兩人改善西班牙語。整個白天，他與我們作冗長的交談。恩察的西班牙語講得比他原本偽裝的還要好，這點使我更想改善自己的西班牙語。

馬塔教授也幫我守住受薩滿教育的祕密，不讓安知道。就在我與恩察共處那期間，他幫安搞定成立育兒診所一事。事後回顧，我從此過著有所隱瞞的生活，而且在我當經濟殺手那些年，會繼續過這樣的生活。接下來幾個月，安費心教導本地母親照顧幼兒時，我偷溜出去向恩察學習薩滿教。

學到約第三個月之後，恩察告訴我，他要把他所謂的「琛察克」（tsentsak）植入我心裡。琛察克是無形的箭，仿舒阿爾人吹箭時所用的箭。他在我左腕上方將雙手窩成杯狀，然後吹氣。聽來似乎不可置信，但我的確覺得有東西進入我手腕、循著手臂迅迅往上移、進入我心臟。他告訴我，回美國後，我可以把這些東西吹進需要治療的人身裡或需要改變的情況裡，至於我能怎麼做以促進這些必要的改變，我自會收到答案。

與恩察多次偷偷會晤之後，我有了想探明薩滿教的念頭。安和我每個月得去昆卡的和平工作團辦事處報到，以證明我們還活著。雖說是規定，但我其實覺得能和其他志工碰面，大啖牛排、炸薯條、喝真正的啤酒和乾淨的水，很是開心。事後回顧，我體認到這是我們有幸享有、但奇蹟村的人或當時其他大部分厄瓜多人無緣享有的又一個特權。

和平工作團辦事處有間收藏廣泛的英語圖書室，我在其中找到彼得·馬蒂森（Peter Matthiessen）《在主的田野裡玩耍》（*At Play in the Fields of the Lord*）之類的書和麥可·哈爾納（Michael Harner）〈奔流的水聲〉（The Sound of Rushing Water）之類的文章，助我了解我所服用的死藤水和薩滿教背後的原理。

我想知道除了我帶有成見的心，還有什麼東西讓我生了那場大病。我們在昆卡時照和平工作團的要求接受實驗室檢測，結果表明我曾在某個時候感染寄生蟲。那是我未看出的原因？幾年後，我會知道死藤水有助於透過其含有的生物鹼除去體內寄生蟲。[1]我不是很清楚那晚發生的事，但我的確知道服用了死藤水後，我對自己吃的食物和喝的齊恰，看法大不相同，而且健康有所改善。

師事恩察愈久，我愈是體認到「觸摸美洲豹」意味著承認人的現實受到人自己的看法塑造，要改變自己或世界，就必須打破將我們囚禁在舊思維、舊行事方式裡的障礙。我們如果逃離或否認自己恐懼的事物，那些事物會糾纏著我們。正視它們，我們即取得它們的力量。恩察用的是「阿魯塔姆」（Arutam）一詞。在舒阿爾語裡，它形容轉變的能力，變身的能力。

第三章　打擊共產主義

親嘗死藤水的幾天後，三個和平工作團男志工來到我們村子。他們牽著騾子過來，騾子馱著測量設備、營造工具、幾袋碾碎的乾小麥、玉米、草籽。馬塔教授欣然歡迎，要他們把這些東西存放在他房子隔壁的棚子裡。

那天傍晚，那三個志工、馬塔教授、安和我坐在一塊共享他們從昆卡帶來的三明治時，我理解到我們被派到此村的真正緣由。

應美國國際開發總署的要求，和平工作團成為一計畫的開路先鋒，該計畫的目的是要把貧窮的安地斯山區居民遷置到叢林。美國華府說卡斯楚主政的古巴制定了密集的行動計畫，以將共產主義傳播到整個拉丁美洲，這些山區居民很容易就受其蠱惑相信共產主義，因此，將他們遷至叢林正當合理。宣傳機器警告道，蘇聯，透過其對古巴的支持，不久後會支配拉丁美洲，接著美國也會落得此命運。切・格瓦拉（Che

Guevara），卡斯楚之革命武力的一員，已在中情局主導的行動中被捕於玻利維亞，並在該地處決，就發生在我們來到厄瓜多之前不到一年時。有人拿切·格瓦拉出現在離古巴這麼遠的地方一事，證明古巴有心支配這個大陸。美國媒體警告，共產主義「赤潮」就要淹沒整個安地斯山區的城市、村莊。解決之道是把窮人從這些安地斯山地區遷至亞馬遜河地區深處，藉此將他們移出被認為是潛在革命溫床的地區，移入他們能謀生且對美國所支持的政府威脅較輕的偏遠森林裡。

美國國際開發總署助厄瓜多制定了計畫，該計畫仿一八六二年美國宅地豁免法（Homestead Act）。凡是在原始雨林裡砍出一塊地並使其「具有生產力」者，都會獲授予地契——「具有生產力」意指在其上種草養牛。這三個和平工作團志工是前來執行此計畫。他們已受過組織村社和測繪的訓練。從奇蹟村往叢林更深處走兩天，才能抵達選定拓殖的區域。

這下我知道安和我被派駐奇蹟村，是為了保護用來支援此行動的設備和物資。後來我會知道，這項拓殖計畫是更大戰略的一環，該戰略的目標是要殖民支配整個拉丁美洲，要掌控拉丁美洲的資源和人，要打造一套信念，即為困擾拉丁美洲的問題提供解決辦法者是美國、而非蘇聯所支持的古巴這個看法。

馬塔教授樂於領美國政府的錢，督導器材物資的運送，但還是告訴安和我，這項拓殖計畫注定失敗。他說有兩大難題。首先，這整個想法建立在搭小飛機飛過叢林的美國官員得出的推論：數大片森林無人居住。其次，這些官員相信，森林裡的土地，一如美國大平原，很肥沃。

「這兩個推斷都錯了，」他告訴我們。「舒阿爾人營狩獵採集生活，需要大片森林才能存活；對他們來說，這塊土地並非無人居住。」

他帶我們走小徑進入就在村外的樹林裡，跪下來，把一根手指頭插入地裡。「你看，雨林的表土極薄——僅次於表土最薄的沙漠。表土由落葉、垂死的樹、能把它們轉化為土的蕈類、微生物產生；一旦砍掉樹，下雨時土壤會被沖走。陽光殺掉蕈類和微生物，把黏土似的土壤曬得和磚一樣硬。」

他接著解釋道，使情況更加複雜難解的，來自厄瓜多沿海地區的土地投機客，向政府索要分得公有地的權利，足跡日益深入舒阿爾人領地。已有小衝突發生。他繼續說道，「你來之前幾天，其中一個叫羅德里戈·烏約阿（Rodrigo Ulloa）的男子，被他的兄弟和幾個朋友用他們自製的擔架抬到這裡。他原藏身在一根原木後，準備伏擊一群舒阿爾人，不料一隻巨蝮游過來，咬了他。我見到他時，他已氣絕身亡。」

他抓住我一隻手臂，盯著我雙眼，說「你務必要告訴你的上司，停止這個蠢事，這項拓殖計畫。」

「那你收到的錢怎麼辦？」

「管它的。我的村子，我的學校，夾在其中左右為難。」他朝著我們身邊的森林張開雙臂。「如果這件離譜事、這個破壞、這個戰鬥繼續下去，我們必會完蛋。」他遮住雙眼，嗚咽起來。「請寫信，」他說，放下雙手，「給和平工作團、美國國際開發總署、大使館、美國總統……告訴他們在這裡搞拓殖不會成功，舒阿爾人說這些土地是他們的，土壤不適合耕種。」他雙手緊扣，像是在祈禱，向我舉起緊扣的手，「請堅持下去，這必須叫停。」

我把他所要求的大部分做了。我寫了要給厄瓜多的和平工作團主任、華府的團長和基多的美國國際開發總署分署、大使館的信，下次去到昆卡時寄出去。我差點寫信給總統詹森。在那些信中，我詳述了拓殖計畫的所有問題，包括亞馬遜河森林土壤與美國大平原的土壤毫無相似之處，因此不能把美國的宅地豁免法照搬過來。此外，馬塔教授和我向過來這裡的志工談了此事。

沒人想聽我們的意見。基多、華府的美國官員都把自己的事業前途賭在這個計畫上。和平工作團志工靠此計畫躲掉兵役，而且相信拓殖管用。這讓我對美國政府的作為和我們如何濫用自身特權，多了一分體認。

和平工作團未叫停此計畫，反倒採取大不相同的作法。一九七〇年，把安和我調離雨林，調回昆卡，擺明要我們閉嘴。我被派去幫安地斯山高海拔山區一群貧困的鄉村製磚工人組建行銷合作社，安則被調去訓練殘障人士在昆卡就業。離開恩察，結束我的薩滿僧教育，我很難過，但安和我都很興奮要搬進有真正廁所的小公寓裡，公寓所在的城市有將近十萬居民。除了各式小店鋪，昆卡還有多家餐廳和三間播放西語字幕美國電影的戲院。有天下午，我們擦掉背包和睡袋上的汙垢時，安俏皮的說，「我覺得我受夠了泥土，這輩子不想再見到。」

第二部 死亡經濟（一九七〇～一九八七年）

那是必然失敗、必然自取滅亡的體制，即經濟學家後來所謂的「死亡經濟」。

第四章——更多不為人知的事

和平工作團要我幫忙的那些製磚工人，住在西寧凱（Sinincay）。那裡距舒阿爾族領地的直線距離只有幾百英哩，但看去似乎與月球的關係，比與雨林的關係更為密切。這裡海拔約三千公尺，不毛、乾燥、令人望而怯步。主要語言基丘亞語始於印加時代之前。這些製磚工人具有一九七〇年代說基丘亞語者的典型特色，貧窮、受剝削、苦於疾病、飢餓、高嬰兒死亡率、被拒於他們自身的大部分經濟領域和社交圈之外。

他們的寶貴資源之一是黏土。男人和男孩從地上挖出黏土，女人和女孩把黏土塑成磚，長長排列在硬土地上。曬乾後，男人把磚揹到以木頭為燃料的巨爐頂上，由人龍接力，往下堆放於爐裡。燒過之後，磚賣給在昆卡擁有卡車和倉庫的商人。這些商人低價買進，高價賣給最終使用者——建築師、工程師等被稱作 buena gente（好人）的有錢上層人士——賺取高額利潤，藉此致富。這其實是中世紀體制，讓每個人大大受益，只有那些辛苦製磚的人例外。

我的職責是幫製磚工人組建能自行在昆卡租用卡車和倉庫、能不靠中間人、能讓獲利回歸製磚工人和其家人的行銷合作社。這差事似乎很簡單，但不久我就發現這比我所想的難上許多。這得讓西寧凱的人改變其對自己與世界之關係、與「好人」之關係的看法，而幾十年來他們一直被告知「好人」在各方面高他們一等。他們得改變自己的看法，才能改變他們做生意、生活的方式。

尤其重要的，合作社社員已選出荷西．基施佩（José Quischpe）先生管理我們在昆卡所租的倉庫，我得教他會計、庫存控制等基本的管理技能，得讓他相信儘管他只有相當於小學四年級的學歷，他能做到他原認為需要高等學歷才能辦到的事，相信他的腦筋和體力足以和建築師、工程師談成協議。

這一切並不容易，但我得說，終於找到真的有意義的工作，讓我感到寬慰。我不再勸沒錢的人成立儲蓄與信用合作社，或不再致力於推動有害無益的雨林拓殖工作。從某個方面說，我在利用從恩察那兒學到的東西，助人理解人對自身、對他人的看法能帶來改變，能變身。荷西先生和另外幾個重要社員終於理解到這點時，整個村的實際情況也跟著改變。

在這期間，我再度清楚意識到自己得天獨厚的處境。製磚工人每天花很長時間辛苦幹活，然後，在安地斯山的寒夜回到沒有電或自來水的簡陋土磚屋。我則是白天的大半時間坐在昆卡倉庫的辦公桌前，夜裡在昆卡市小但舒適的公寓度過，有安作伴，有現代的舒適設施可用。我也知道一年後我會回美國，重新過起高學歷白種男性的優越生活，而製磚工人會繼續在西寧凱的不毛山區過日子。

有天下午，來到倉庫後，有人告知我荷西先生病得很重，正接受薩滿僧治療。我跳上去西寧凱的公車。到了那裡，我告訴荷西先生的十幾歲兒子安東尼奧，我曾受教於舒阿爾族的薩滿僧，請求讓他觀摩治療過程。他示意我隨他進入一間土磚小屋。

約十二人圍坐在荷西先生周圍，荷西站在房間中央，幾乎全裸。他兒子指著一個緩緩繞著他轉圈的女人，那女人雙手執著成捆的植物，嘴裡念念有詞。

「瑪麗亞，」安東尼奧說，朝她鞠躬以示尊敬。「薩滿僧。」

她穿繡了嬌嫩花朵的白襯衫、及踝海軍藍裙、露趾涼鞋，黑色長髮盤到腦後，挽成寬鬆的髻。她一度瞧了安東尼奧和我一眼，露出微笑。她的臉滿是皺紋，就和老婦的臉差不多，但從她做法事時的生龍活虎樣，她似乎永不顯老。最後她放下手中的植物，改拿兩個手掌大的石頭，輕摩荷西先生的頭、胸、腹。最令我驚訝的，是她最後拿起瓶子小飲一口，把液體噴在他身上，液體在空中化成非常細的水霧，而且氣味宜人。

治療結束，荷西先生穿過人群過來歡迎我。他笑得很燦爛，似乎完全沒病。我不得不納悶這裡是否還有我所不知的別的事；或許他只是放自己一天假來做這個儀式。

「還好嗎？」他握著我的手上下搖晃時，我問道。

「先前很不舒服，」他答。「發燒、作嘔、頭痛，但現在，」他露出微笑，「我覺得很好。」他叫喚那位薩滿僧。她過來坐在他旁邊。「這位是瑪麗亞．基施佩。」

雖然滿臉皺紋，她臉上綻放青春的喜悅。「我很愛我的工作，」她說，握著我的手，手指很有力。

望著她靈動的眼睛，我立即生起想多和她相處、向她拜師學藝的念頭。「妳是薩滿僧，妳也是荷西先生的親戚？」

「不是，」她咯咯笑道，露出一嘴很白的牙和其中兩顆金牙。「基施佩是我們的常見名字。」

我不假思索脫口而出，說我曾師從一個舒阿爾族薩滿僧，想更了解蓋丘亞人薩滿教。

「你或許聽過鵰族與大禿鷲族的預言？」我搖搖頭。「喔，還會有機會聽到。簡單講，這個預言說所有人，各種文化，分享我們知識的時刻已經來臨。」她微微低頭。「我很高興能與你互相切磋。」

這開啟了一段會對我有深刻影響的人我關係。荷西先生，一如馬塔教授，囑咐我務必保守祕密。「住在這裡的天主教神父勢力很大，仇視薩滿僧，」他解釋道。「拜託，對任何人都不能透露。」

我同意保密，而一如先前同意對師事恩察之事保密，這時我理解到這是往不為人知的人生再往前跨出一步。我遵守對馬塔教授、荷西先生的承諾，不向包括安在內的任何人透露我對薩滿教的興趣，從而走上一條我會在數年裡常走的一條路。保密一事影響我生活的多個方面，最終也毀掉我的婚姻。

但那時，安忙著她協助昆卡殘障人士的計畫，樂在其中。她很快就和商會以及一批商界要人交好，其中包括數個逃離納粹德國的猶太裔實業家。只要她願意親自訓練失明或失去一臂或一腿的男女，他們樂於接受她要企業界雇用殘障人士的想法。這份工作符合安的慈悲本性，她也覺得掌握並教授殘障人士自食其力所需的技能，相對來講較容易——其中許多人頭一次靠己力掙得收入。

接下來幾個月，我的工作內容大多使我離不開昆卡的倉庫，但我還是盡量至少每兩週去西寧凱一次。在那裡，只要條件許可，我都和瑪麗亞在一塊。她很想了解恩察本人，很想學恩察的方法，並把她的治療術教我，作為回報。她要病人用未點燃的白蠟燭擦過全身，然後她點燃蠟燭，在蠟燭的「光環」裡看出需要治療的部位。接著，她在病人身子四周搖晃生蛋以排掉負能量，用成捆的帶刺蕁麻和其他植物的枝葉按摩病人身體，促進血液和正能量的流動。她用從火山山坡採集來的石頭，將具有療效的能量集中在蠟燭所顯示需要該能量的部位。最後，她把那個氣味芳香的液體塞滿嘴裡，噴灑病人全身，從頭到腳，前面、後面、側面。她告訴我，她用高海拔的野花製成那液體。

她說，「最重要的，要改變病人身上充滿能量的靈。」看我一臉困惑，她大笑道，「那東西你們或許會稱之為病人的夢。」

我描述了恩察如何治癒我，問她是否用過阿亞瓦斯卡。

「沒有，」她答。「植物能量，植物靈，很管用，但阿亞瓦斯卡之類東西，在山區這裡往往弄不到，所以，我們幹嘛靠它們？」她微笑道。「我不用那植物，也能治好你。一如你的舒阿爾族友人，我們知道夢最重要。人如何看待自己，看待自己與周邊世界的關係，決定了人活得如何。」

恩察引領我認識了會塑造我此後人生的東西，瑪麗亞則進一步確認了該東西。後來我會認識到，來自不同文化——非洲、亞洲、中東、拉丁美洲——的薩滿僧，有共同的信念。離開和平工作團多年以後，我寫了《世界如你所夢》（*The World Is As you Dream It*），書名正表達了該信念。這個信念也是瑪麗亞先前提過的「鵰族與大禿鷲族的預言」的一部分，以及馬雅人二〇一二年預言和其他我會在後來學到並教授的其他預言的一部分。

我會體會到我們擁有透過改變自己看法來改變人之行動的驚人力量。我會認識到這股力量能用在多個層面上：個人、村鎮、國家、全球。我會理解到主觀看法和隨看法而生的行動創造人類所處的現實世界，也就是說看法和行動影響地球上的每樣事物，包括我們的社會－治理－經濟體制。這些想法初萌於厄瓜多，會為我後來寫的數本書和我後來支持的組織、團體提供基礎。

第五章 經濟殺手

在厄瓜多當和平工作團志工的最後一年，美因（MAIN）國際顧問公司的副總裁埃納爾．格里夫（Einar Greve）來找我。這家公司很低調，主要為美國等數國的政府和美國國際開發總署、世界銀行之類的國際開發組織效力。埃納爾告訴我，世界銀行要決定厄瓜多是否有資格拿到數十億美元貸款建造水力發電站，他的職責就是考察厄瓜多，為世銀作出決定。

第一次見面時，埃納爾就講述了為美因之類公司效力的好處。我提到加入和平工作團之前我已被國家安全局錄取，我正考慮回該局服務，這時他告訴我，他是美國陸軍備役上校，有時充當國家安全局聯絡官。他讓我覺得他來厄瓜多的任務之一是招收我或至少評估我的能力。我覺得法蘭克叔叔正在埃納爾背後看著我。

埃納爾和我相處了幾天，他離開後，我們互通書信。應他的要求，我寄去評估厄瓜多經濟前景和該地人民對美態度的報告。和平工作團任期結束後，一九七一年初他邀我去波士頓的美因公司總部面試。

我見了該公司的總裁和董事長，與數個副總裁共進了晚餐。他們讓我覺得美因的工作助世界各地窮人脫貧，改善他們的生活水平。他們把經濟調查報告拿給我看，那些報告表明，往基礎設施投下大筆錢後，國家的經濟即成長。這與我在商學院裡學到的東西一致，使我相信美因的計畫造福世人。有幾天時間，我如同被多家職業球隊追求的明星運動員，然後美因提供的薪水高出我想像，比我父親當老師的薪水高了兩倍多。一九七一年一月，我步入二十六歲而過了越戰徵兵年紀那個月，我成為美因公司的經濟學家。

我認定這個公司矢志救助窮人，深受這股濟世情操鼓舞，於是兢兢業業投入這個新工作。因為這工作，我去亞洲、拉丁美洲、中東出差。不到兩年，我就當上首席經濟學家，前一任因為應付不來在這些國家工作的挑戰而被革職。當上首席經濟學家，我開始打造擁有超過三十六個一流專家的工作團隊，成為此公司成立百年來最年輕的合夥人。又過了幾年，我才看穿「做好事」背後的真相。我終於領悟到我真正在做的事，是利用漂亮的經濟調查報告，說服全球各地擁有美國企業想要之資源（例如石油）的國家的領導人，接受來自世界銀行、美洲開發銀行（Inter-American Development Bank）、亞洲開發銀行或其他類似組織的巨額貸款。這筆錢會被用來聘請美國工程公司建設基礎設施，會使這些國家債台高築。為了還債，這些國家會被迫將其石油或其他資源廉價賣給我們的企業，或滿足其他有利於正成形之美利堅帝國的「條件」。我和其他從事類似工作的人開始自嘲是「經濟殺手」。

我們的工作涉及提供豐厚「獎賞」給願意配合的國家領導人。有個總統的女婿，擁有一家出租營造設備的公司，會拿到一份極有賺頭的承包合同（例如憑其設備進帳數百萬美元，而那些設備本身的價值只值這筆錢一半）。該總統的一個姊妹經營飲食服務事業，會以高出行情甚多的價錢包辦營造團隊所需的一切食物。此國諸領導人的孩子和他們友人的孩子，會拿到全額獎學金赴美讀大學，會獲保證在學校放假期間和畢業後有好工作可做。這些和其他許多福利是公然的賄賂，但完全合法。

如果領導人不從，我們就提醒他們曾有領導人拒絕，然後遭政變拉下台或遭暗殺：伊朗總理摩薩台（Mossadegh）、智利總統阿葉德（Allende）、瓜地馬拉總統阿本斯（Arbenz）、剛果總統盧蒙巴（Lumumba）、越南總統吳廷琰、許多部長、法官、較低階官員。我們經濟殺手得讓國家領導人知道，我們身後有我們稱之為「豺狼」（jackal）的人。他們是真正的殺手，本領高強，擁有的本事大不同於往往以中情局外聘人員（contractor）身分行事的我們。我們未帶槍，但他們帶槍。

國家領導人一旦願意照我們的話做，他們的國家就成為我們的工具。這些國家背了債，卻從頭到尾沒看到一毛錢。那些錢被拿去聘雇美國工程公司建設發電系統、公路、港口、工業區等基礎設施，例如貝泰（Bechtel）、哈利伯頓（Halliburton Company）、史東與韋伯斯特、美因等公司。世界銀行之類組織的最高階行政部門的某些人，以及工程公司的最高階行政人員，知道這是騙人把戲，但其下屬（工程師、經濟學家和其他人）大多不知情。他們只是在做他們被教育、訓練去做的事。

最大贏家是建設基礎設施的美國企業和得益於基礎設施改善的美國企業——鑽探石油、開採黃金等礦物或雇用廉價勞工在血汗工廠工作的企業——而且這兩類企業都獲利甚豐。其次的贏家是當地有錢有勢的豪族；拜基礎設施改善之賜，他們的事業也欣欣向榮。但該國大部分人民受苦，因為錢未用在教育、健保等社會福利事業，而是用於還利息。

這些國家最終永遠還不清本金。這是經濟殺手策略裡不可或缺的一環。我們與國際貨幣基金會合作，逼這些國家重組貸款，把境內的石油等資源廉價賣給我們的企業，並且不受環保或社會規範。我們說服他們將公用事業、監獄、學校等公部門事業私有化，轉交給美國投資人。在某些例子裡，我們逼他們在聯合國與華府一道投下反古巴的票，或允許五角大廈在其境內建軍事基地。

做這份工作頭幾年，要讓自己相信在做正當事並不難。

南越已落共產北越手裡，這時，我告訴自己，我們所有人都受到蘇聯與中國的威脅。印尼會是下一個，然後共產主義「赤潮」會襲捲亞洲、拉丁美洲、非洲、歐洲，攻入美國。我被告知我正在為保衛全球，使免遭比希特勒還可惡的敵人毒手，打頭陣。

商學院教育告訴我，基礎設施得到改善，會促進經濟成長，經濟繁榮會讓世界各國願意靠向美式資本主義和民主主義，而非共產主義。我們擬出的複雜計量經濟學模型顯示，由於我們的計畫，一國的經濟會迅速成長，人人的生活會改善。統計資料顯示，會有愈來愈多的人享用電力、自來水、汙水排放系統，買電視等消費品。

然後，過了一段時日，我開始發覺計量經濟學模型和統計資料偏重富人。在我工作過的那些國家（和世上大部分國家），某些家庭擁有全國有登錄之資產的七成至九成五；他們的事業占去GDP大半，乃至全部。國內其他人民則屬於從未納入統計的次經濟（subeconomy）。富者愈富，窮人則和過去一樣窮或變得更窮，中產階級有許多人變窮。從統計上看，經濟在成長，但此成長只讓人口中極小部分的人受惠。貧富差距急速拉大。

就在我終於理解到這些模型的偏差時，我並未想到這一不平等最終會帶來嚴重動盪、希望幻滅、暴力，最後會使數百萬人無比絕望，成為無家的移工，或走上吸毒、自殺或暴力之路，而這些暴力會被其受害者歸類為恐怖主義，被其支持者譽為愛國主義。

我也始終未想到這整個體制最終會自取滅亡。大企業以竭澤而漁的方式榨取世界各國的資源。驅策企業行動的目標，是獲取最大的短期利潤。執行長著眼於短期內提升股價、市占或同時追求這兩個目標，未慮及未來。那是必然失敗、必然自取滅亡的體制，即經濟學家後來所謂的「死亡經濟」。當時，我們未察覺到化石燃料和其他排放物，以及化肥、殺蟲劑，正汙染大氣層、毒化用水、摧毀土壤。這是完全不理性的社會－治理－經濟體制，不折不扣的「死亡經濟」。

事後回顧，我可以感謝和平工作團經歷助我理解這些調查報告和我們所擬的計量經濟學模型的謬誤，但未助我理解更大問題的錯綜複雜之處。在厄瓜多那段經歷，讓我從不同的視角看待世事，那是與其他經濟殺手和仍未能看出事實真相的銀行業者、工程師不同的視角。我和他們不同陣營，與我朝夕相處者是住在大壩下游、受苦於缺水、無魚可捕、無水上活動可玩的人，最終落得向石油公司、血汗工廠出賣勞力的人。

我的經濟殺手工作正可說明透過改變看法可如何塑造現實——改變人的信念，但借助先進科技。我們擬出數學模型和宣傳性質的報告，用以創造出以下論述：由於巨額貸款，人人會過上更好的日子。我們向自己、向美國納稅人、向擁有我們企業所想要之資源的國家的領導人，行銷此論述。然後那些領導人把此論述傳達給其國民。我們要傳達的意思是我們在世界各地做好事，但其實我們在傳播企業殖民主義，在打造全球帝國。

一開始領悟到這點，我不願相信。安和我在波士頓過的生活，在我看來就是「美國夢」的生活。我常坐頭等艙去先前只能在腦海裡想像的地方，住最好的飯店，吃最好的餐廳。除了美因公司在波士頓的總部，我在哥倫比亞、印尼、伊朗、巴拿馬也有辦公室，我在其他許多國家督導工程。我不想放棄那樣的生活。我與支持此體制的人為伍，那些人一再說我們在做正當事。我想聽這樣的話；我拿優渥的薪水，周遊各地增廣閱歷，渴望這樣的生活得到認可，繼續下去。

但內心深處我很悲慘。我喝酒喝得很凶，和幾乎不認識的女人上床，用 Valium 痲醉自己，常作惡夢。每天早上，靠過量咖啡因逼自己保持清醒。我以時差為藉口，自圓其說，但內心清楚實情：我抑鬱，痛恨自己。

安和我爭吵不斷。她抱怨我變了個人，說我已不是她當初嫁的那個男人，或與她一起度過和平工作團那幾年的男人。有天晚上她問我是否和其他女人有一腿。我勃然大怒，氣鼓鼓離開我們的波士頓公寓，在飯店過了一夜。但隔天我坦承我和好多個女人搞過。我們的婚姻就此開始步入終點。

我在物質主義體制裡迷失了自己，就要被這個體制吞噬。成長過程中，我覺得自己窮，在新罕布夏州寄宿學校就讀時，身邊多的是有錢同學。但此刻，三十歲生日前，我生活豪奢，與重要人士會晤。我憑著努力過上這樣的生活，我怎會想要退出？

還有別的因素把我留住。去亞洲、拉丁美洲、中東時，我盡可能抽空向薩滿僧學習。由於有在厄瓜多和後來在其他國家的經歷，我知道如何贏得來自多種文化之薩滿僧的好感，如何參與他們的儀式，如何學到更多他們的作法。一九七〇年代，在墨西哥猶加敦半島，我與馬雅族薩滿僧別霍．伊察（Viejo Itza）相處了不少時間。在好萊塢和數個作家將馬雅人的二〇一二年預言誤解為末日預言之前許久（本書後文會對此有所說明），他就教我此預言。

我人生的一部分在學習薩滿教中度過，但我未把這部分的人生告訴他人。美因公司、世界銀行、國際貨幣基金會、我打過交道的數國政府和其他機構的人，若聽我講起這事，大概會覺得我精神不正常，我會被革職。晚近，薩滿教已普獲接受，但在那時不然。

安與我的緊張關係不斷升高。我們分分合合幾次，分居又復合，然後，一九七九年，在諮詢過律師且雙方談定如何分產後，安飛到多明尼加共和國，提出快速離婚。我搬出可俯瞰波士頓公園（Boston Common）的二十六樓頂層豪華公寓，住進波士頓港裡的帆船。

離婚前就開始作的惡夢，這時更厲害。有個一再出現的惡夢，我站在拉丁美洲某國的總統前，伸出一隻手，手裡拿著一疊鈔票，另一隻手背在身後，拿著槍。「你和你的朋友，」我遞上錢，同時說，「能變得很有錢，或者……」我當他的面揮舞槍，「我會叫來豺狼。」然後我把槍對準自己的頭，斃了自己。

我的良心，我的教養——我內心每一處都朝著我喊，要我退出。另一方面，我在商學院學到的每樣東西都要我留下，一如我的同事。我正生活在我夢寐以求的世界裡，我讓自己相信這是不折不扣的美國夢。

然後，有次去巴拿馬時，我開始和一個已在賣淫的年輕女子走得很近。那是她所知道養活自己和腹中胎兒的唯一方式，胎兒的爸爸，她以為是她心愛的人，後來卻消失無蹤。她是一面鏡子，讓我看到自己。我也在賣身。我朝鏡子定睛瞧，不得不承認她被迫過的生活，雖然極艱苦且不入流，而與我的生活截然不同，但我賣身所造成的傷害卻大了許多。我在腐化、威脅國家元首，在傷害數百萬人。我是騙人計畫的一環，那個計畫會把美國、世界——還有我——帶進非常幽暗的地方。

在另一個惡夢裡，我滾下一個漆黑的地道，地道裡迴蕩著受折磨者的淒厲叫聲，還有帆船出現在夢中，船上滿載戴著腳鐐手銬的垂死奴隸。我醒來盯著床邊桌上兩只空瓶；一瓶裝Valium，另一瓶裝蘭姆酒。我拿起蘭姆酒瓶，把它翻過來，這時，我想起小時候唱的一首歌。

Fifteen men on a dead man's chest
Yo ho ho and a bottle of rum
Drink and the devil had done the rest
Yo ho ho and a bottle of rum.

十五個人在棺材島上
唷呵呵，還有一瓶蘭姆酒
喝下去，其他人都已給魔鬼收去

唷呵呵，還有一瓶蘭姆酒。

我聽到複歌：John, the devil has taken you.（約翰，魔鬼已逮住你。）

作完這個夢的那天晚上，我進入觀想，與薩滿僧神交。我坐在最喜歡的椅子，播放某長笛手吹奏的安地斯山區音樂，想像自己躺在新罕布夏州樹林裡布滿青苔的地上，那是我小時候很愛去的地方。這是我所謂的我的「聖地」，讓我覺得十足安全、安心的地方——日後我會在講習班教授這門技法。我召請恩察、瑪麗亞前來助我。瑪麗亞用植物和聖石按摩我，用花香水噴撒我全身。恩察一手觸摸我左腕，另一隻手觸摸我的心，讓我想起他已吹入我體內的無形之箭。「這些能治好你，」他說。他露出微笑，又說，「利用它們改變你所協助打造、正威脅世界的情勢。」

「要如何開始？」我問。

他答，「觸摸你的美洲豹。」

就在這時，坐在椅子裡聽著長笛樂音時，波士頓保德信中心（Prudential Center）的建築浮現我腦海，美因公司的辦公室就位在該建築裡。我伸手摸美洲豹，它隨之變成停泊在某熱帶島嶼之小海灣裡的一艘帆船。

不久後的一九八〇年三月，我在維京群島租了一艘帆船，某日下午三至五點間把它停在聖約翰島的小海灣裡，那裡和我先前觀想到的小海灣非常相似。我划小艇上岸，奮力爬上陡坡，來到古甘蔗園的頹圮廢墟。我坐在那裡，拿著一罐啤酒，看著太陽落入加勒比海。當下似乎恬然自得，無比平和。突然我想起一件事：這個甘蔗園曾上演人間慘劇；數百黑奴死在這裡——在槍口下，在無情的鞭打下，為有錢主人幹活。此地的寧靜掩蓋了曾有的殘虐情事。在那一刻，我領悟到自己是先前那些奴隸主的繼承人。我的手段較現代，較不易被察覺——我始終不必目睹垂死的人或聽苦楚的叫喊。但由於我能免於那些切身的體驗，能不必目睹耳聽那些慘事，我的罪過或許更大。

我很氣自己，起身，抓起一根大棒，猛擊附近的石牆。然後我坐下，平靜下來，把左手和手腕擺在我心上。就著心跳，我能感受到那些無形之箭在顫動。然後我知道自己該做什麼。我回到波士頓辦公室，一九八〇年四月一日辭職。

約一年後，我的兩個前客戶死於非命時，我為自己已離開這個可怕體制感到寬慰。世人相信這兩人都死於中情局所策畫的暗殺。這新聞令我震驚、難過、憤怒。厄瓜多總統哈伊梅．羅爾多斯（Jaime Roldós）和巴拿馬國家元首歐馬爾．托里霍斯（Omar Torrijos）之死的來龍去脈，我了然於心。

第六章——豺狼出手

哈伊梅・羅爾多斯是民粹律師和民族主義者，一九七八年角逐厄瓜多總統大位時，猛咬石油公司和支持這些公司的體制不放，以此受到國際關注。

石油公司在厄瓜多存在已久且行事不端。二次大戰期間，約翰D・洛克斐勒所創立的標準石油公司，透過拍賣搶到祕魯的石油開發權。在厄瓜多的類似拍賣會上，荷蘭皇家殼牌石油公司打敗標準石油。約翰・洛克斐勒的兒子納爾遜（Nelson）負責替美國總統富蘭克林・羅斯福協調美洲事務。他積極促進標準石油在亞馬遜河地區的利益，氣惱於厄瓜多這場拍賣的結果。希特勒入侵荷蘭後，納爾遜・洛克斐勒讓美國政府和其盟友相信，不該讓「納粹公司」控制此半球如此多的石油（他忘了提德國無法經由美國所控制的巴拿馬運河或亞馬遜河運出石油）。在一九四二年的某場高峰會上，西半球最有權勢的幾個國家簽了里約協定（Rio Protocol）；根據此協定，厄瓜多被迫將其約四成的領土割讓給祕魯。石油開採權先後落入標準石油和德士古手裡。

哈伊梅．羅爾多斯開打選戰時，德士古已在厄瓜多於亞馬遜河流域仍持有的土地——面積已大減的土地——採掘大量石油。羅爾多斯在演講中保證，石油收益會提升厄瓜多窮人的所得。當時，在厄瓜多和大半拉丁美洲，有力量甚大的右翼團體和殘暴的獨裁者，羅爾多斯在這樣的環境裡提倡人權和重大社會改革。

一九七九年，哈伊梅．羅爾多斯打破歷來皆由美國所支持的獨裁者主政的慣例，成為厄瓜多第一個民選總統。他說到做到，要德士古等石油公司將他們從厄瓜多石油賺得的利潤裡，拿出理該歸厄瓜多人的部分上繳。德士古悍然反對任何會制定新慣例的法律——不只在厄瓜多如此，在其他國家亦然。

我和其他經濟殺手被派去厄瓜多勸這個總統改弦更張。我們向羅爾多斯總統表示，只要聽話，他個人就有機會發大財並得到美國政府（包括中情局）全力支持，遭其拒絕。石油公司和華府使盡各種手段。他們的公關人員在國際上有計畫的詆毀羅爾多斯總統，他們的說客大舉進入基多和華府，他們的專家猛上電視。他們把這位民選總統——支持社會改革但非支持共產主義的總統——抹黑成蘇聯傀儡。

羅爾多斯總統面對威脅利誘不為所動，反倒在演說中警告石油巨頭和所有外國利益集團，若不執行有助於厄瓜多人民的計畫，就必須離開他的國家。一九八一年五月二十四日，他在基多發表了重大演說，然後搭上他的專機前往厄瓜多南部的一個村鎮。飛機最後變成一團火球，他、他的妻子、數名他的下屬、一名空服員、兩名機師喪命。

舉世震驚。厄瓜多人和拉丁美洲各地的人怒不可遏。報紙將這起墜機斥為中情局的暗殺行動。支持這項暗殺指控的理由，除了華府和石油公司公開仇視他，也有具體證據，包括針對此飛機兩個引擎在瑞士所作的工程檢測和飛機「黑盒子」始終未找到（或已被拿掉）一事。目擊者說總統羅爾多斯擔心遭暗殺，有兩架座機。據報導，在最後一刻，他的一個安全官說服他搭上這架要命的飛機，上了黃泉路。

與此同時，在巴拿馬，國家元首歐馬爾・托里霍斯（人稱行政首長／Jefe de Gobierno）向羅爾多斯總統致上悼詞，稱他「我的兄弟哈伊梅」。他告訴他家人，「我大概會是下一個。雷根要我死。」

在許多國家，托里霍斯被目為英雄；他被譽為一九七七年談成托里霍斯－卡特條約的功臣，迫使美國將巴拿馬運河交給巴拿馬。一如羅爾多斯總統，他提倡人權，他是向各種政治立場的難民張開雙臂歡迎的國家元首。他力倡社會正義，不只在巴拿馬這麼做，而且為整個拉丁美洲和世界這麼做。他是扳倒大鯨魚的小蝦米，帶領一個小國挺身對抗世上頭號超級強權。他已成為國際人物，許多人相信他會被提名爭取諾貝爾和平獎。

這些英雄特質也使托里霍斯成為某些人的眼中釘。很有權勢的人痛恨他。總統雷根、副總統布希、國防部長溫伯格、參謀長聯席會議決意除掉他。駐拉丁美洲的美軍首長，惱火於托里霍斯－卡特條約中關閉美國陸軍美洲學校（School of the Americas）和美國南方司令部（US Southern Command）熱帶作戰中心的條款——兩機構都位在巴拿馬，被視為對美國外交政策具有戰略價值，被巴拿馬人和其他許多拉丁美洲人痛恨。托里霍斯得罪的企業界要人，包括與美國政治人物過從甚密且涉入剝削拉丁美洲勞力和自然資源的大型跨國企業的高級主管。這些企業包括製造、工程企業、通信公司、海陸運聯合大企業，在這些企業的高階主管眼中，托里霍斯不只是巴拿馬的領袖，還是正在全球各地鼓吹之變革的代言人。

我在托里霍斯與美國總統吉米・卡特一九七七年就巴拿馬運河控制權談成重大協定之前，被派去巴拿馬腐化托里霍斯數次。我的任務是讓托里霍斯相信，只要他屈從，他、他的家人和朋友就會發大財。他所需要做的，就只是讓這條運河繼續作為美國的公營企業，讓運河區繼續作為美國領土，並且不再鼓吹人權和反對美國干預。運河區是將巴拿馬整個一分為二的長條狀地帶，境內有高爾夫球場、殖民時代風格的宏偉建築，運河區的存在冒犯了巴拿馬的主權。

但一認識這個總統，我開始左右為難。與他幾次面晤，以及在活動場合看他與來自各行各業的人互動，我印象深刻。我敬佩他的勇氣、他遭逢逆境時的幽默感、他對生命的熱愛、他的政治廉潔。要我腐化我所尊敬的人，有虧我的節操。一方面，我想勸他改弦更張——那是我職責所在。另一方面，他為人民、為建立更公義世界獻身的精神，使我暗地裡希望他如願。我也意識到如果我有辱使命，他會成為豺狼的頭號目標。最後一次與他會晤時，我看出他不會屈服於我或任何威脅利誘。

一九八一年七月三十一日，即羅爾多斯喪命兩個月後，托里霍斯死於專機墜機，情節與厄瓜多總統遇害之事驚人類似，一同遇害者有四名助手和兩名機師。多國政府元首和媒體再度指責美國暗殺他。我有充分理由相信這一指控屬實。後來，有人發現一九八九年十二月美軍入侵巴拿馬時，毀掉此墜機事件的機密調查文件，外界對美國的懷疑隨之更濃。

何其反諷，就在那個七月，我正與維妮弗烈德·格蘭特（Winifred Grant）同居，不久與她結婚。她是貝泰公司首席建築師的女兒，貝泰則是深度涉入巴拿馬事務的工程公司。我的雙面人生，這又是一例。我再度被往兩個方向拉扯。

第七章　受威脅

洗手不幹經濟殺手讓我感到寬慰，但曾是我客戶的兩位總統遇害和種種跡象顯示他們很可能死於我的國家下令的暗殺，還是讓我非常震驚且沮喪。我覺得自己難辭其咎。內疚和想要還自己清白的念頭揮之不去，於是我在波士頓市立圖書館待了好幾小時，深入探究美國涉入西半球的歷史。

我了解到在商學院從沒教的事。一八二三年門羅主義和命定擴張說（Manifest Destiny），一八四〇年代為許多美國人所信持，認定美國有權利入侵加勒比海、中南美洲境內不願支持美國政策的國家。從泰迪．羅斯福到羅納德．雷根的歷任美國總統，援引這兩個原則來合理化華府在美洲的活動。此外，從屠殺美洲原住民到越戰施暴平民，種種活動都和美國殖民主義有關。

看過的資料愈多，我就愈了解我們美國人在自身歷史方面被灌輸了不實的看法。我們想要相信自己是正義使者、民主主義的保護者，但其實，誠如我的經濟殺手工作所表明的，我們的歷史包含許多殖民主義行徑。自立國以來，一直有像我這樣的人推動徹底反民主、戕害文化與經濟的政策。我不得不承認我可能一開始就被騙了，但即使意識到自己所為不對，我還是說服自己繼續那麼幹。我把不實的看法信之不移。被這些邪惡的想法宰制時，我想起恩察人一旦改變看法就改變現實的勸告，想甩掉它們。

還有別的事令我心情低落：在美因公司工作賺錢十年後，我失了業。我三十六歲，沒工作做。事後回顧，我認為，儘管我真的深愛維妮弗烈德，失敗之感是促使我在當時向她求婚的重要因素。她有工作，而且她對我很有信心，說我很快就會找到工作。我們的女兒潔西卡一九八二年五月出生。

生命中擁有這個漂亮可人的孩子，令我欣喜若狂。但同時我自問：我能如何養活一家子，同時不出賣自己的靈魂？

國人體認到社會需要不造成汙染且可再生的能源——且國會通過一道名叫PURPA、支持新興科技的法律——我的上述疑問隨之得到解答。一九八二年，我與幾個合夥人一同創立了獨立電力系統（Independent Power System，簡稱IPS）這家替代能源公司，我擔任該公司執行長長達十年。我們出資建造了一座首開先河的發電廠，該廠燃燒廢料，不製造酸雨，而在當時，酸雨被視為最大的空汙物。自此我收入無虞，且因為推動對環境友善的工程，得以至少減輕我部分的良心不安，但由於經濟殺手模式擴及非洲、亞洲、中東的部分地區，我仍感到深深的懊悔。

我繼續作惡夢。維妮弗烈德會在夜裡叫醒我，說「你又尖叫。」我夢到森林毀於油井設備，河川因有毒廢料流入而變黑，小孩死於遭汙染的食物和水。我向她透露自己為在工作過的那些國家裡所發生的事感到內疚，但未詳細告知我的經濟殺手角色或豺狼的部分。

一九八六年，我體認到光是推動汙染程度低於舊模式的能源工程還不夠。高中時，我就立志當作家。我認為這時時機或許已成熟。經濟殺手的經歷似乎是絕佳的寫作材料。我要揭露這個貪腐、剝削體制背後的真相。

有天晚上，我與某編輯共進晚餐，他勸我把其他從事與我類似之職務者的真實故事納入其中。於是，隔天早上，我決定寫本書，集結諸多第一人稱的記述，接著開始打電話給前同事。

幾天後，我接到一通電話。電話那頭刻意壓低嗓音，威脅要殺了我和女兒。「你很聰明，應該知道不要再接觸這一行裡的人，」他說，嗓音刻意變造過，而且我聽出此人知道如何讓對方聽出恐嚇之意。那是暗殺者的嗓音，豺狼的嗓音。

我很怕。那晚我睡不著，輾轉反側，早上，床單被汗水浸溼。我未把這通電話的事告訴維妮弗烈德，但吃早餐時，她說，「約翰，你不能再這樣下去，我們不能再這樣下去。」

我去樹林裡散步了許久，苦於不知如何是好。我只想到一點，那就是必須照電話中人的意思去做，不要再打電話找人談這本書。但除此之外？我該回去幹經濟顧問這一行？我能找到不會違背良心的工作？能以別種方式寫成這本書？

那天晚上，我接到曾是美因副總裁的老朋友來電。他告訴我，他想安排我與某公司的總裁共進午餐談點事，當時他在該公司任職。那是當時世上最大、最有力的工程公司之一，即史東與韋伯斯特工程公司（SWEC）。他告訴我，「史東與韋伯斯特工程公司需要像你這樣的人為他們做事」，當下我覺得我的諸多問題似乎就此迎刃而解。

該公司總裁和我一起坐在某高級餐廳裡，他談起我在美因公司表現出色、節節高升，談起我當上獨立電力系統的總裁，語多肯定。他說他想在該公司的某些提案裡用到我的履歷，說他準備付我五十萬美元的顧問聘用定金。我或許偶爾會被叫去支援該公司，但此外要做的事不多。他舉起他的馬丁尼，說「敬你」，「敬我們。」

我們舉杯相碰。我整個人覺得大為寬心，不敢相信自己運氣這麼好。五十萬美元！我得救了。竟有人主動表示要給我這麼多的錢，而且我幾乎什麼事都不必做。這麼好的事會不會有詐。

果然有詐。

他小飲一口他的馬丁尼，然後放下酒杯。「我聽說你要寫本書談我們這一行。」他與我四目相接。「這事做不得。」

我頓時覺得餐廳的牆在我四周翻轉。我想起豺狼的威脅，想起我年幼的女兒。我把雙手擺在桌上以穩住身子，然後，看他死盯著我瞧，我伸手去拿我的馬丁尼，竭力擺出若無其事的樣子喝下杯中的酒。熟悉的味道使我鎮定下來。我知道該怎麼做。我把酒杯放回桌子。「我原考慮寫那樣的書，但已打消那個念頭。」

「所以你不會寫那本書？」

我點頭。

「一言為定？完全不談我們這一行的事。」

「對。」

他的目光落到他的馬丁尼上。「很好。」他舉起酒杯。我跟著做。酒杯再度相碰。

「聰明人。」

然後他說他知道我喜歡原住民文化，我寫原住民文化沒問題，還說，「其實這或許有助於我們的工作。」

我幾乎沒聽他在講什麼。良心在高聲朝我喊：敬酒不吃就吃罰酒。我當經濟殺手時使用的手段，這時用到我頭上。我成了受害者。先是威脅，然後利誘。我已屈服，把自己鎖在內疚、噤聲的籠子裡。企業殖民主義把我納為奴隸。

我開始長期抑鬱。為克服此病，我重拾辛苦的武術訓練，投入深深的冥想，精進我遊歷世界各地時從薩滿僧那兒偷偷學來的手法，包括有助於我放鬆心情、著重重於釋放至少一部分負面感受的觀想法。一九八〇年代，世人對薩滿教和其他「新世紀」（New Age）作法的態度不變。這時我談寫人生中的那些部分和我和平工作團的志工經歷，覺得安心自在。

一九八六年我寫下第一本書《讓人免於壓力的習慣》（*The Stress-Free Habit*）。此書幾年後才出版，但我立即著手寫第二本書《精神導航》（*Psychonavigation*）。我小心翼翼避提我經濟殺手的過往。這兩本書描述亞馬遜河地區給我的教誨，但我無意再去那裡。

一九六八年夏的某天早上，我在佛羅里達州，我和維妮弗烈德、潔西卡居住所在附近的海灘上散步，抬頭看著高大棕櫚樹的樹葉，那股這時已然熟悉的內疚之感襲上心頭。但這一次不一樣；我想到有件事是我要拯救自己所必需做的。我得再去那個強烈影響我人生且眼看就要被破壞的地方。我在書報雜誌上讀到，在電視上看到，我曾住過的亞馬遜河地區是地球上最多樣、最重要的生態系之一，而此時該地受到攻擊，行凶者主要是美國石油、礦業公司。那些河川和森林攸關我們的存亡，而且它們似乎也體現了我們必須改變經濟發展觀一事。我知道我得有所作為以阻止那傷害——或至少減緩傷害的速度。我意識到該是時候利用恩察給我的那些無形之箭來救助他所熱愛的森林。

史東與韋伯斯特工程公司的聘雇合同，使我不得不對世界各地的經濟殺手活動——以及他們在摧毀雨林上的作用——閉口不談，但我能獻身於援助使我免赴越戰戰場並在我垂死時救了我一命的人。我不清楚自己能做什麼，但我認為或許我得當個薩滿僧，以不負恩察對我的期望。

卸下和平工作團志工之後的二十年裡，我曾以經濟殺手身分回厄瓜多，但只去沿海和山區大城。此刻，要如何與叢林深處的舒阿爾人重新聯繫上，我毫無頭緒。

我決定找我在厄瓜多見過的一個商人幫忙。他於二次大戰期間從法國移民厄瓜多，娶了厄瓜多籍女人，幫過舒阿爾人，與和平工作團的許多志工有交情。這一決定會完全出乎我預料的改變我的人生。

第三部

改變夢想（一九八七～一九九三年）

世界照你的夢想走。你們的人曾夢想擁有大工廠、高樓大廈、多如河面雨滴的汽車，如今你們開始看出那夢想是惡夢。

第八章　贖罪

我當和平工作團志工期間，昂利・庫珀曼（Henri Koupermann）是昆卡飯店（Hotel Cuenca）老闆。他的餐廳提供昆卡唯一高檔精緻的法國菜。我們過生日和其他特殊活動時，昂利以優厚的折扣價讓我們志工在此餐廳用餐。他非常尊敬原住民，這在一九六〇年代晚期的厄瓜多商界很罕見。有次我發高燒，他以營養的食物和大量的法國干邑幫我養身直至復原。

一九八七年來到昂利的飯店時，有人指示我去對街的辦公室，是一家旅行社。在那裡，一個高大健壯、有著長長黑髮和短黑鬍子的男子迎接我。若非笑容裡的善意、褐色眼睛散發的歡喜之情、語音的輕柔，他可能被誤認為騎哈雷的飛車黨成員。他與我握了手。「我能幫上什麼忙？」

「我找庫珀曼先生。」

他大笑。「我就是庫珀曼先生，但我猜你想找我爸爸。」

「你是昂利的兒子？」

「對，我叫丹尼爾。我父親幾年前去世。」他對著一張椅子點了頭。「我能幫上什麼？」

我們坐在他的辦公室，喝咖啡，我講述了我當和平工作團志工的經歷。

「拓殖，」他說。「所以，你是那個計畫的一部分？」

「恐怕是。」

「很糟糕的點子。」

我講述了自己如何藉由寫信給和平工作團和美國國際開發總署官員來揭露其中的問題。

「你真有心，但……」他皺起眉頭。「你那時候住的那個地方，你稱之為奇蹟村的地方，如今已不在叢林裡。馬路開到那裡，樹給砍掉了。」

怎麼可能？「那時它位在深山密林裡。」

「那個拓殖計畫開啟破壞行動，現代挖土機把它了結，讓一切改觀。」他嘆了口氣。「多年來這個國家追求經濟發展。我擔心那所帶來的經濟就要毀掉我們最寶貴的資源，環境。我們所被灌輸的看法根本不是要變成這樣。」

「真可悲。」我不想承認我就是推銷那個看法的諸人之一。

「沒錯。」他沉默了一會兒。「非常可悲。」他俯身過來，「你還是不要去你待過的那個村子。」

我向他講起師事恩察的事，接著談起我的經濟殺手活動。我說我想去幫舒阿爾人保護雨林，甚至提到幹經濟殺手的內疚驅使我想這麼做。

「贖罪。」他露出溫柔的微笑，日後我會把那微笑視為他性格的真實反映。「我不認識恩察，但我能帶你去找另一個薩滿僧，那人就和你需要碰面的人住在一塊。」

隔天早上，飛機飛過一望無際的綠，我往下瞧著綿延將近三千英哩的廣袤叢林，從安地斯山一路透迤到大西洋，面積比美國本土還要大，我滿心懷舊之情。我已回到深植心中的熟悉地方。我閉上眼睛。

腦海裡浮現可怕景象：工業區、我協助籌資興建的大壩、伊朗國王的宮殿、厄瓜多總統哈伊梅・羅爾多斯面對廣大群眾發表他人生最後一場演說、石油從巨大油井井架流出、流入受蹂躪的雨林。

張開眼睛時，我感到暈眩。我望向窗外，看著下方蜿蜒於林中的河。河岸上有塊小空地，空地上有幾間橢圓形的茅草屋頂民宅。那可能是恩察的村子。單引擎飛機降落，在泥濘的簡便機場著陸。

接下來一週，我在叢林裡與舒阿爾人一起度過。我發現這裡既不像我所認識的奇蹟村，也不像恩察的村子。離開和平工作團之後的二十年裡，舒阿爾人的生活已變了。馬路伸入叢林更深處，他們的領土變小，不再能過狩獵採集生活。他們已開始從森林清出小塊空地，已開始養牛。與和平工作團和拓殖者不同的，他們知道只要清出的空地夠小，周邊樹木的根會固著住土壤。三十歲以下的人大多以西班牙語為第二語言。許多人已離開雨林，去城裡工作或為石油公司工作。

我見到的薩滿僧努米（Numi），年約八十。體型一如恩察非常矮小，而且上了年紀而駝背，活力卻十足。他具有催眠效果的銳利眼睛，讓人感受到歷久彌新的知識。

我向他講起受教於恩察之事，他告訴我他認識我師父，恩察生前最後幾年就住在離他家步行一天可到的地方。然後他投來會心的微笑。「他的靈召喚你。」我們一起坐在可俯瞰河流的圓丘上，他說起我必須用心聆聽的話。

「世界照你的夢想走。你們的人曾夢想擁有大工廠、高樓大廈、多如河面雨滴的汽車，如今你們開始看出那夢想是惡夢。」他撿起一顆小石子。「問題在於你的國家就像這顆小石子。」他把石子丟入河裡。「你們所做的每件事，都波及整個大地。」他露出微笑。「你們所必須做的，就只是改變你們人民的夢想。」

我問起舒阿爾人在此中的角色。

「我們不是問題所在，」他答。「別想要改變我們。你們的生活方式是問題所在，你們的物質主義夢想，你們決心把你們破壞性的作法強加在我們身上。但如果你們之中有些人想要了解改變夢想一事，你可以把他們帶來這裡學習。」他舉起一隻手。「恩察預見到此事。」他露出嚴肅的表情。「但要小心，石油公司會想要幹掉你，厄瓜多政府，還有你們的政府，會想要逮住你。」

第九章——夢想改變

搭機返國時，我想著努米和他的村子。我為看到的改變而難過，卻也為以後可以真的有所作為，可以把人帶到叢林向舒阿爾人學習改變夢想，學習改變就要毀掉生命萬物的有害看法，而感到振奮。這時我認為我們不改變心態，不改變商業模式，不改變生活方式，不行。我們必須助那些被我們殖民並支配的人——以及我們自己——去殖民化。但另有一股聲音，我內心發出的警告，重述努米那番話：石油公司會想要幹掉你。提防那些威脅潔西卡和你的豺狼。

我反覆思考此事數日，和我所碰到的其他作者、行動主義者談過。維妮弗烈德鼓勵我。「若不照你的想法做，你永遠不會快樂。」

最終我知道我得把人帶去努米的村子。唯一問題在於要如何搞定此事，同時不讓我家人和我受到傷害？我決定最保險的作法是創立非營利組織。一九八七年，有個當律師的朋友助我把「夢想改變」（Dream Change）組成符合501(c)(3)條款的非營利組織。

接下來幾年，有人加入，和我一起努力。我們寫書，開班授課，與丹尼爾．庫珀曼合作帶人去見舒阿爾族、蓋丘亞族薩滿僧，以便參與者直接向他們學習改變看法能如何改變現實。我常在大學和其他場合抨擊石油公司——以及現代工業化世界執著於物質主義、美國決意打造全球帝國一事——在厄瓜多造成的破壞。

一九九一年，丹尼爾告訴我，他想與舒阿爾族的鄰族阿丘阿爾族合作。我未碰過阿丘阿爾人，但在和平工作團當志工期間，聽過關於他們的駭人傳言。記得一九六九年某日，我和厄瓜多陸軍上尉艾斯皮諾沙（Espinoza）聊了一個早上。他負責統領一支突擊隊保護德士古的地震學小組，防範原住民戰士進犯。他和我坐在蘇夸（Sucua）鎮上的木頭長椅上，蘇夸是邊鎮，位在森林邊緣，鎮上景象讓我想起美國西部電影。鎮上馬路是土路，居民住在簡陋的小木屋裡，街上酒館的廁所在戶外。馬拴在用來拴馬的欄杆上，幾乎每個男人帶著前裝式單發步槍。我們在等一樣把蘇夸與外界連結的東西，一輛二次大戰時的老舊DC－3螺旋槳飛機。此機飛行高度有限，無法飛越安地斯山，而且沒有雷達，因此機師得靠碼錶和羅盤飛過由冰川灌注的河流所切割出且雲層密布的峽谷：兩分鐘後向右轉十度，再九十二秒後向左轉五度……

「阿丘阿爾人生性凶殘，是屠夫，」上尉艾斯皮諾沙說。他伸出一根手指劃過他喉嚨。「他們是野蠻人，會砍掉你的頭，離他們遠點。」

我的舒阿爾族友人證實此話不假。「我們最凶險的敵人，」他們告訴我。「別靠近他們。」

我把這段過往講給丹尼爾聽。他哈哈大笑。「那是二十年前的事，如今不一樣了。他們看世界的方式變了。」他告訴我，他想找到能讓阿丘阿爾人養活自己、不必倚賴石油的活動。他原本猛烈抨擊生態旅遊。他坦承，「那不是長遠的解決之道」，「但能助他們開始因應愈來愈成為他們生活一部分的現代世界。」他已和阿丘阿爾人討論過此事。「他們很民主，」他說。「每個受到衝擊的村子都必須同意才能成事。我在不同村子待過好幾個長夜，最終他們達成共識，認為他們得改變他們與外界互動的方式。他們請我幫他們蓋生態旅館，把想要體驗他們的生活與雨林並從中學習的人帶來。」

他向我講述的事，正生動說明人可如何藉由改變看法改變現實。

丹尼爾利用其父親經營旅館的經驗和名聲，從某個厄瓜多富人那兒籌得資金，在阿丘阿爾人領地蓋了一間生態旅館。他住進未受人為破壞、仍保有原始風貌的雨林，監造這間旅館。此旅館會尊重大自然，同時向習於現代生活的來客提供舒適的住所。它會由阿丘阿爾人自己建成，採用他們的家屋風格，只使用來自森林的材料，沒有塑膠或金屬，連釘子都不用。除開現代的管道設備，完全不用進口品。它會有一間食堂、一間會議室、十八間附有現代衛浴設備的小木屋。旅館會蓋在阿丘阿爾人稱之為卡帕威（Kapawi）的地方。旅館離最近的馬路超過一百英哩，中間要穿過未有人探索過的濃密叢林，旁邊有座湖，湖水來自卡帕瓦里河（Capahuari River）的挹注，該河是亞馬遜河的源頭支流之一。照丹尼爾的構想，客人會在阿丘阿爾族嚮導帶領下徒步穿過雨林，並有機會乘船順卡帕瓦里河而下，欣賞瀕危的淡水粉紅江豚。根據資助協議，阿丘阿爾人會接受訓練以經營、管理此旅館；旅館所有權會完全轉交給他們。為了幫忙監造，最終，丹尼爾在叢林裡住了三年，適應了阿丘阿爾人的風俗。

丹尼爾和我當時都未料到，他對阿丘阿爾人的奉獻會帶來擴及全球的改變。但靠一位來自安地斯山的蓋丘亞族女人教導，我才得以更清楚看出人所認知的現實和客觀現實之間的關係。

第十章　兩種現實

一九九一至一九九三年，丹尼爾忙著阿丘阿爾人的事而我仍是史東與韋伯斯特工程公司的正式顧問時，我繼續為「夢想改變」帶團去亞馬遜河地區、安地斯山區見薩滿僧。該公司對我的要求甚少，「夢想改變」行程的宗旨是教來自現代世界的人了解原住民文化的傳統和哲學。

當時我遇見的諸多薩滿僧中，有個蓋丘亞族女人。她與我當和平工作團志工時那些製磚工人屬同一個語族，但她住在西寧凱北邊約兩百英哩處的奧塔巴洛（Otavalo）附近。她的姓，揚貝拉（Yamberla），來自她的母語，但她的首名、中名為西班牙語，而且會令美國人啞然一笑：瑪麗亞．華娜（Maria Juana）。那聽來就像當時在美國既盛行又被列為違禁品的大麻（marijuana）。

我已知道蓋丘亞族製磚工人的薩滿僧瑪麗亞．基施佩已過世，但瑪麗亞．華娜讓我想起她。她也穿海軍藍長裙和繡了圖案的襯衫，褐色眼睛周邊滿是皺紋，但眼神靈動，微笑散發愛與幹勁。在她身上，我看到和瑪麗亞．基施佩類似的活力。她住在安地斯山區某山谷裡的小土磚屋，海拔超過兩千四百公尺，位在由三座火山構成的三角形中央。她的族人把這三座山尊為法力強大的靈：尹巴布拉山（Imbabura，男性）、科托卡奇山（Cotocachi，女性）、莫韓達山（Mojanda，雌雄同體）。她告訴我，她父母是薩滿僧，聽到她從媽媽子宮裡唱出的歌聲時，就知道她會承繼他們的職業。如今她六十歲上下，見識甚廣，特別善於表達夢想改變說背後的理念。

「有兩種現實，」瑪麗亞．華娜告訴我們團體裡的某人，由我居中翻譯。「客觀現實，就像這張椅子，而人所認知的現實，則是人坐在這張椅子上討論的觀念。藉由改變我們認知的現實，我們改變客觀現實。」她摸了一下椅子。「如果我告訴你只有一位薩滿僧獲准坐這張椅子，你所認知的現實，會和如果我請你坐上那椅子你所認知到的現實不同。宗教、文化、乃至國家都是從思想，從觀念，創造出來。只要有夠多的人接受這些觀念，它們就成為現實。」她露出微笑。「改變夢想。」

她的話語和恩察、瑪麗亞．基施佩的教誨、製磚工人的體驗如出一轍。但瑪麗亞．華娜簡單明瞭的表述，使人容易理解千百年來人的主觀看法對人所認知之現實的衝擊。

有人請教她如何改變夢想，她回道，「很簡單，只要改變我們向自己講述的故事即可。那改變了我們對自己的看法。」

回美後，我開始在「新世紀」、大學的討論會、講習班談這個，開始與其他正在探索此主題的人會晤。一九九〇年代初期至中期，世人對薩滿教和與許多人所謂的「另一種現實」（alternative realities）有密切關係的觀念興趣大增，我談原住民文化與薩滿教的書（未被我的史東與韋伯斯特工程公司聘雇合約禁止出版的書），談我們透過「夢想改變」所作努力的書，我的演講稿，正好在這期間出版。

我了解到有許多例子可以說明人類歷史如何被人徹底捏塑出來。現實，一如人類創造的各種體制，是我們主觀看法的產物。以下兩個例子，我在演說和講習班授課時特別喜歡援引。

哥白尼於一五四三年出版其革命性著作之前，人們認定地球是宇宙的中心。這一信念影響宗教、科學、哲學、醫學——即當時形塑人類所認知之現實的各種論述。哥白尼證實地球繞著太陽轉，隨之全盤改變了我們對自身的看法。

一七七三年，在北美諸殖民地，幾乎人人認為英軍戰無不勝。但一七五五年，英法北美戰爭（French and Indian War）期間，喬治·華盛頓已見識過英軍的敗績。當時，據估計兵力達一千五百人的英軍，由極有經驗的英格蘭將軍統領，在莫農加希拉之役（Battle of the Monongahela）被約九百名法蘭西人和印第安人徹底擊潰。「英國人並非戰無不勝，」華盛頓說。「我們只需藏在樹後即可。」此役改變了殖民地居民對英格蘭軍力的看法，最終結束了英國在北美的統治。

有時有人向我指出，主觀看法能創造現實一說，是現代精神療法和量子物理學的基礎觀念，而且千百年來一直是藝術與文學創作的動力。

一九九二年在加州一場討論會上談過薩滿教之後，鮑伯・格雷厄姆（Bob Graham）過來找我。他是「催化」（Katalysis）的創辦人和董事長，「催化」是在中美洲支持馬雅族女人之微貸合作社的非營利組織。鮑伯邀我加入他的董事會。

於是，幾個月後，有了本書開頭提到的瓜地馬拉之行。一九九三年這趟遠行，源於鮑伯請我護送琳・推斯特（Lynne Twist）去瓜地馬拉，我們因此行而深入馬雅山脈。琳的任務是要找到讓「催化」的董事和重要捐款人得以和接受此非營利組織資助的馬雅族女人會晤的地點，我的任務則是與至少一個馬雅族薩滿僧接觸，邀該薩滿僧參加我們的聚會。鮑伯覺得「催化」需要對馬雅人傳統和宗教信仰有更深的了解和聯繫，而只有薩滿僧能讓其如願；他希望我能促成此事。

一九九三年更早時的另一趟遠行，有助於這趟遠行的順利達成，當時我為「夢想改變」帶了一群美國人到厄瓜多。搭機離開基多機場以前往瓜地馬拉見琳時，我深深懷疑自己能否達成使命。瓜地馬拉晚近的政治史大不同於厄瓜多。一九六〇年起，瓜地馬拉陷入慘烈內戰；已有二十多萬馬雅人死於美國所支持的右翼高壓政權之手。馬雅族領導人，包括薩滿僧，名列「誅殺」名單的前頭。他們有充分理由不與美國人碰面。

在這的幾個月前，我也去過瓜地馬拉——琳不知為何也知道此事。那一次是為了和右翼政權成員所擁有的一家公司談定地熱發展協議。史東與韋伯斯特工程公司要我出差的次數不多，這是其中一次。馬雅人所痛恨的人招待我美酒佳餚，用防彈休旅車載我四處跑。[1]我能告訴自己我已不是經濟殺手，但我心知肚明我仍在支持那個體制。除了最初那筆聘雇定金，該公司還繼續付給我高額的顧問費。與此同時，我致力於協助馬雅人自衛，使不受那個體制侵害。誠如我向琳說過的，我的確夾處在兩個世界之間，左右為難。

飛機降落瓜地馬拉市時，我後悔自己同意出這趟差。這個夾處在兩個世界之間的人，就要踏上他已樹立許多潛在敵人的地方。我兩面討好。一方面，為了史東與韋伯斯特工程公司，我要和正發兵攻打馬雅人的有錢統治家族談定協議。另一方面，為了「催化」公司，我要與那些馬雅人打好關係。

第四部

把鵰族與大禿鷲族合為一體（一九九三年）

預言說五百年後，也就是今日，鵰族與大禿鷲族會有機會一起飛翔、結為伴侶、生出新的下一代——更高自覺。

第十一章 烏雲

我坐在路華的車子裡，瞥見窗外如同一堵黑牆的烏雲，籠罩周邊瓜地馬拉山區，一道閃電突然打下，劈開那堵黑牆，繼之以隆隆雷聲。我在想把這麼多我過去的事告訴琳是否不智。

這是我在瓜地馬拉的第四天。琳已完成她的任務。對她來說，勸「催化」所支持的馬雅族女人，把我們所資助的那些計畫的部分成果——養雞，織布，製造籃子、陶器等物品以拿到當地市場賣或賣給瓜地馬拉市的旅行社——展現給即將來訪的團體看，相對來說較容易。她在離這些女人的村子不遠的飯店、餐廳預訂了房間和會議室，並在挑選飯店、餐廳時，考慮到得天獨厚的美國人熱水淋浴、睡舒服床鋪、吃西式食物的需要。

我的任務則沒那麼順利。我已請人傳話給馬雅族領導人，說我想見他們的一個薩滿僧。我已讓他們知道我師從過薩滿僧，對薩滿教感興趣。但過了兩天，未得到哪個薩滿僧回覆。然後，第三天晚上，有了突破性進展。有個住在高海拔山區的薩滿僧請人傳話說，他願在他位於馬雅山脈的家接待我們。

這時，我們就在去那個山區的路上。車窗外，墨黑的幽靈從那堵烏雲牆爬下山坡。我們要去馬雅人的家園，而馬雅人正是有錢有勢者——和幾個月前的我——搭防彈車防範的對象。逐漸逼近的暴風雨似乎在警告危險即將到來。

我腦海裡浮現先前我們的休旅車放慢車速的那個彎道。當時豪爾赫指著路邊某處，說八個馬雅族男子被政府軍士兵拖出巴士，在路邊排排站好，當著他們妻小的面擊斃。汗水溼了我的腋窩。我就要帶琳進入戰區，而我們要去拜訪的人，說不定會把我視為敵人。

我把害怕之事告訴她。

「在非洲為飢餓計畫工作時，我膽戰心驚好幾回，」她說，露出溫柔的微笑。「很容易疑神疑鬼，別這樣。」

我點頭，望向窗外。另一道閃電和震耳欲聾的雷聲把我嚇得要死。我盯著看了一會兒，竭力將心思擺在吞噬山區的烏雲，然後扭頭看著前座兩個馬雅族男子的後腦勺。我告訴自己，她說得沒錯，我太多疑；馬雅族領導人不會蠢到擄走或殺害為慈善任務而來的兩個美國人。這麼一想，我紛亂的心平靜下來，然後我想到每次碰到困難時，我總是退回我的安樂窩。身為來自美國的中產階級白人男子，我有幸享有那樣的安樂窩。

「對於我們就要碰面的這個薩滿僧，」琳的話語打斷我的思緒，「你知道什麼？」一陣風吹起前方馬路上的塵土，打在我們車窗上嘩啦作響。我轉向她。「完全不了解。我在墨西哥的猶加敦半島跟馬雅族塔塔（Tata）、娜娜（Nana）——馬雅人對男、女薩滿僧的稱呼——學過。就這樣而已。」我長長吐了口氣。「那是七〇年代的事，當時美因准我放了個假。但我不知道在這裡會碰到什麼情況。」

「那些墨西哥薩滿僧，他們教了你什麼？」

「他們談了不少從古馬雅人學到的教訓。」我樂見她的發問，讓我有機會把心思抽離沉沉壓在心頭的高山、來意不善的暴風雨、心中的焦慮。我解釋道，馬雅人的城市，包括宏偉的金字塔和神廟，建在水泥似的平台上，平台則蓋在溼地裡。數百萬棵樹被砍掉，溼地被抽乾。我接著說，「似乎只有皇族、貴族、祭司——即統治階層——一年到頭住在城市裡，其他人大概大半時候住在城外，得提供貨物和服務給統治階層，例如勞力、首飾、藝術品、衣物、食物。祭司則主持典禮、儀式作為回報，聲稱這些典禮、儀式給所有人帶來豐收和富裕。久而久之，隨著愈來愈多森林被砍掉，愈來愈多溼地被抽乾，氣候變了。降雨變少。地下蓄水層枯竭。作物歉收。城市交相戰。人民對統治者失去信心，退入森林，退到山上。叢林接管城市。數百年間，世上大部分人不知道中美洲各地長滿樹木的土墩底下，藏著高聳的金字塔和遼闊文明古國的廢墟。」

「似乎在預示我們如今對自己星球所做之事會帶來的後果。」

閃電劃亮天際；這一次雷聲近到似乎震動我們的路華。在詭異的閃光中，路旁瘦小的灌木被風吹彎。烏雲，猶如巫師的黑斗篷，抹掉群山。

琳嘆了口氣。「希望我們不是朝那個方向走。」

我這一側的馬路前頭，有一群男女小孩穿著厚重披風，低頭頂著風，朝我們走來。司機放慢車速。通過他們身旁時，其中一個男子抬頭，往我車窗裡瞧。路華加速駛離。我轉頭看那個男子。他舉起拳頭，對拳頭吐了口水，朝我揮舞。

我全身不自主打顫。

琳望著另一個方向，望著她車窗外，渾然不知剛才的事。

路華把我們載到更高處，更靠近那堵烏雲牆。琳開始談她在非洲、印度的經歷。她講到她矢志要終結全球飢餓，講到她為飢餓計畫募款數百萬美元一事的進展。她的話語、她的嗓音、她要救助人類的熱情，使我幾乎忘掉我們當下的處境。然後我想起，我們能在慈善活動中當施予的一方，而非接受的一方，是她和我都享有的另一個優越地位。

然後，路華停住。

我望著車外荒涼的景象。有間小土磚屋。

豪爾赫轉身看著我們。「到了。」

第十二章——石頭

「走運。」豪爾赫打開琳那邊的車門。「暴風雨通過東邊。」

我下車，看到最黑的雲已繞過我們，移到遠方。潮溼的寒風從附近山頂吹下來。

豪爾赫帶我們走上土路，走向那間小土磚屋，腳踏處嘎吱作響。他敲了鑿削而成的木頭門。琳抓著我的手臂。「或許他不在這裡。」她話中似乎希望他不在。

豪爾赫又敲門。

門嘎吱打開。一個穿著紅黑格子襯衫的男子站在我們面前。豪爾赫用馬雅語和他說話。那男子上下打量我們，一臉冷峻朝豪爾赫點了頭，但一語不發。門關上。

我們等著，沒人講話。寒風嗚咽。琳拉起外套包住全身。

我覺得不妙。誠如我先前所告訴琳的，我完全不清楚這個薩滿僧是什麼樣的人。他說不定為了美國人對他的文化、土地所造成的傷害而痛恨我們，說不定要引誘我們過來，好公開羞辱我們，或說不定是更可怕的事。「我覺得我們該離開，」我說。

就在這時，門再度打開。穿格子襯衫的男子站在門口。他退到一旁，陰影中出現另一個男子。這個男子雙臂抱胸，穿藍色牛仔褲和深藍襯衫，紅頭巾蓋住頭。他用馬雅語對豪爾赫講話，講得很快，然後轉身背對我們。

豪爾赫進去，示意我們跟著進去。

我跨進陰暗的房間，只有黑牆上的一扇小窗和敞開的門提供採光。柯巴脂（copal）氣味濃到簡直叫人受不了，那是馬雅人舉行儀式時使用的焚香。一張長沙發和兩張木椅緊挨著一張矮木桌。牆上掛著馬雅掛毯。穿格子襯衫的男子關上門，只剩小窗射進來的光線，室內變得迷濛，泛著微光。他背對門站著，像道影子，看著我們。

「這位是塔塔羅貝托．波斯（Roberto Poz），」豪爾赫說，眼睛看著纏紅頭巾、正低身坐進木椅的男子。

我伸出一隻手。

羅貝托盯著那隻手。

我把手放得更低。

「請坐。」豪爾赫指著長沙發。

琳瞅了我一眼。我點頭，希望讓琳感受到篤定自信，儘管我心裡很不踏實，然後朝長沙發揮手。我們兩人坐下。

我深吸一口氣，坐在沙發前緣，轉向豪爾赫。靠他將我的西班牙語轉為馬雅語，我講述了「催化」正與馬雅族女子合作的事，說明了我們的來意，即想請羅貝托出席我們的會議，以讓我們更加了解馬雅族的薩滿教傳統。

光線昏暗，我看不清羅貝托的臉，但他的手指頭不耐煩的擊打他座椅的扶手。豪爾赫翻譯完我的話後，羅貝托扭頭望向他右邊關著的門。我跟著他的視線望去，心想門後躲著什麼人或什麼東西。

羅貝托轉回頭，盯著我瞧。他用馬雅語講，我聽不懂他說什麼，但他的語音明顯帶著怒意。

豪爾赫譯道，「你竟敢求助於我！我活到這歲數，你們的政府、你們的中情局，你們的軍隊一直支持入侵我們村子的行動。你們訓練瓜地馬拉士兵來拷問、殺害我們。你們推翻總統阿本斯，唯一保衛我們的政治人物。一如你們之前的西班牙人，你們著手奪走我族人的尊嚴、自尊、土地。」

我往後坐回沙發裡，思索他所用的第二人稱代名詞。豪爾赫用西班牙語將它譯為暱稱的tu，而非尊稱的usted。這有深意嗎？在馬雅語裡有差異嗎？我不清楚，但我擔心他知道我當過經濟殺手，擔心他不把矛頭對準所有美國人，而是指責我就是幹下這些壞事的人。

羅貝托把身子往前靠，他的臉在背光處看不清楚，但離我的臉很近，近到我能嗅到他呼出的熱氣。「如今你請求我配合，」他語帶不滿的說。「你當我是瘋子？」

「我來這裡，」我說，想維持語氣平穩但未能如願，「是出於敬意，因為有人告訴我你是智者和你們族人的領導人。」我停住，讓豪爾赫有機會翻譯，讓我有時間斟酌遣詞用字。「我完全同意你剛剛說的。我也很氣美國政府和它在你們內戰裡——在殖民並支配你們一事上——扮演的角色。」我等他回應。等不到回應，我繼續說。「我之所以認為你會想幫我們，只有一個原因，那就是這樣一來你的族人和我的人能一起搭橋。」我又停住。還是沒得到回應。「在美國，許多人痛恨我們政府和一些公司對待你們的方式。我們想要改變此事。我們需要你幫我們找到新方式，助我們另闢蹊徑，以不再從事那些已傷害你們的生活、世界各地其他許多人的生活、包括我們的生活、的活動。」

「說得好聽！」他的拳頭重擊扶手。「我們已聽過那些謊言。」

我與他四目相遇。「說那些謊話的人是別人，不是我。」我說出這句話時，同時感受到話中的反諷之意。我說的的確屬實，但我也是那個夾處在兩個世界之間的人；我仍在為那些公司之一效力，我執行經濟殺手任務時常說謊。

他怒目瞪著我，眼中的怒意我清楚感受到。

「你可以去查『催化』，」我繼續說。「我們做了許多事幫你們，尤其是幫你們的女人，在微貸方面。」

他發出一聲苦笑。「騙人的技倆，我們懂你們的技倆。」他揮手，下逐客令。「不要再說了。」

我朝琳瞥了一眼。她正低頭望著桌下。我想不出還能說什麼。

羅貝托從椅子起身。

我想起瑪麗亞．華娜的話。她說，若要改變主觀看法，藉此改變現實，「只要改變我們對自己說的故事即可。」

那天早上，要離開飯店時，我注意到我帶來的編織袋。它來自我的厄瓜多之行，是住在瑪麗亞．華娜附近的一個蓋丘亞族薩滿僧送我的禮物。出門時，我不假思索將它一把提起，帶在身上。這時，它擱在地板上，我的腳邊。袋裡有一只古老的石斧頭、一個雕刻而成的印加十字符，以及薩滿僧所送我、被他的族人視為聖物的其他東西。我拿起這個袋子，放在我們之間的桌子上，打開，拿出裡面的石器。

羅貝托原作勢要離開，這時卻轉身，往下瞥了桌子一眼，吃驚倒抽一口氣。他彎身仔細檢視這些東西，眼睛對上我的眼睛。「你從哪裡弄到這些東西？」他用西班牙語問。

我說是厄瓜多一個蓋丘亞族薩滿僧送我的，那人叫埃斯特萬．托馬尤先生（Don Esteban Tomayo）。豪爾赫未幫忙翻譯，因為沒必要。

羅貝托在他椅子坐下，長吸了一口氣，再緩緩吐出。他盯著他面前桌上那些東西，就此過了好一會兒，然後傾身向前，把手指擺在斧頭上方，一隻手在所有東西上方繞圈。他抬起頭看我。「我認識埃斯特萬先生。」

我很驚訝。「你認識他？」

「我們未當面見過，但透過薩滿僧神遊之行，見過。」他的西班牙語說得無懈可擊。

「他兒子是我的教子，」我說。

他盯著我瞧。「你是埃斯特萬先生的朋友？」

我點頭。

他放低那隻手，更貼近擺在他面前的那些東西。「可以嗎？」

「當然可以。」

他拿起那把斧頭和印加十字符，仔細打量，把它們改放在袋子上。他對其他每樣東西都這麼做，然後輕輕提起袋子和那些東西，把它們貼在他的胸口，起身，拿起我的袋子和那些東西走向他右邊那道關著的門，也就是不久前還讓我覺得害怕的門。「請跟我來，你們兩個。」

琳和我跟著他。他打開門，露出一個小房間，裡面點了好多根蠟燭，亮到我的眼睛一時睜不開來。

房間裡唯一的家具是一張木桌，桌上擺了許多馬雅人的手工製品、水晶和其他石頭。那是薩滿僧的祭壇。

羅貝托朝我們微笑，然後輕輕將桌上部分手工製品推開，在桌子中央騰出一個空間。他把我的袋子和袋裡的東西擺在那空間處，然後把一只陶碗拿到前頭，用房間裡的一根蠟燭點燃碗中央的東西。煙和柯巴脂的香味頓時瀰漫開來。他用馬雅語唸了咒語，同時拿起燒著柯巴脂的碗，在桌上那些東西上方慢慢揮動。

第十三章　儀式

三個月後，一九九三年，瓜地馬拉托托尼卡潘（Totonicapan）市某飯店的會議室裡，琳和我坐在稍稍高起的平台上的椅子裡，面前是「催化」公司的董事會成員和金主。

羅貝托．波斯直挺挺坐在我們兩人之間的椅子上，面無表情，穿著馬雅族薩滿僧的傳統服飾：白上衣和白寬鬆長褲、纏腰的紅色寬腰帶、頭上蓋著繡有馬雅象徵圖案的紅巾。房間裡瀰漫著他已點燃、用以淨化室內空氣的柯巴脂氣味。我前一趟行程從厄瓜多帶來的那些聖物，擺在我們面前的桌上，還有那天我們在他祭壇上看到的部分器物。

我不由得想起晚近蘇聯覆滅一事。此事和我們似乎正與馬雅人培養的這個新關係，使我思考，既然美國已是世上唯一的超強，我們是否會揚棄老殖民時代的經濟殺手作法，趁此機會讓世人見識道地民主體制的益處。事後回顧，我驚訝於自己的天真。以我的閱歷，那時我應該想到美國會丟掉那個機會，會繼續開採資源，在一百多個國家駐軍，只要殘暴的獨裁者配合美國的政策，美國就會捍衛那些獨裁者，並推翻不願配合美國政策的民選總統，美國會掠奪地球的資源、摧毀脆弱的環境，美國會成為史上最大的帝國。

自我們上次來瓜地馬拉之後的幾個星期裡，琳和我，以及「催化」的創辦人暨董事長鮑伯．格雷厄姆、其行政主任傑瑞．希爾德布蘭德（Jerry Hildebrand），已透過電話或親自面談，和每個會成為我們一分子的人談過，務使他們知道這趟來此得穿越內戰正熾的國家。我們告訴他們，我們已租了專用巴士和司機，會下榻當地所能找到的最好飯店，為確保他們的安全，已作好所有能做到的安排。但我們要他們知道，馬雅人在這場內戰期間受害甚烈，美國支持無情的獨裁政權，馬雅人認為我們美國支持以我們為對象的種族滅絕行動。我們向這些有意參與者示警道，一旦到了瓜地馬拉，會有什麼狀況，我們沒把握。

在電話中，我們聽到興奮與害怕的反應。有幾個人因為風險太大而決意缺席。他們告訴我們，他們有家人或工作要考量；從他們的語音裡能聽到焦慮不安之情。最終有三十個男女加入我們的行列，大多是白種美國人。

在托托尼卡潘的第一個夜晚，琳和我講述了找到羅貝托・波斯並說服他加入我們行列的過程。我們扼要說明了馬雅人的悲慘歷史和美國如何資助、支持高壓政府的軍事行動。然後我簡述了二〇一二年預言，照搬一九七〇年代在墨西哥的猶加敦半島上別霍・伊察等馬雅族薩滿僧所告訴我的。那是此預言的諸多版本之一。

我告訴他們，「根據此預言，有很長一段時期，數百年，由一個把世界趕進黑暗的國王統治。這個國王通常被稱作「七金剛鸚鵡」（Seven Macaw），個性粗暴、自私自大、貪求金錢與物質。他在位期間，森林被砍掉，溼地被抽乾，以建造城市。天然資源耗竭。少數巨富與其他人民的處境殊若天壤。氣候劇變導致作物嚴重歉收，然後諸城市兵戎相向。殘暴、混亂更為嚴重。

「傳說有兩個年輕手足，人稱雙胞胎英雄（Hero Twins），砍下七金剛鸚鵡的頭，丟進簍子裡，改立慈悲為懷且無私的胡納普（Hunahpu）為王。胡納普鼓勵人民過能讓環境永續、能實踐精神追求的生活。二〇一二年很重要，因為運行已數千年的馬雅曆會在那年終止，七金剛鸚鵡會被胡納普取代。新曆會在二〇一二年十二月二十二日啟用。」

「為什麼是那天？」有個男子問。「距今十九年後。」

我解釋道，「很久以前，馬雅天文學家知道，從地球的角度看，太陽會在二〇一二年十二月二十一日進入銀河中心，即『大裂谷』，我們銀河中央的黑點。那一刻就是七金剛鸚鵡的頭被丟入簍子的時刻，轉變的開端。

「此預言接著說道，二〇一二年十二月二十二日，宇宙的能量會轉移，會創造出機會，讓我們得以抱著對人的新心態檢視自己和世界，得以採納改變所需的價值觀、採取改變所需的行動。那很重要：為了即將到來的轉變，我們必須行動。我們，男人和女人，雙胞胎英雄，必須促成此事。領導人不會砍下自己的頭；不會主動展開亟需的改變，除非我們逼他們。」

我瞧了室內眾人一眼。「一如大部分傳說、神話、預言，這則預言傳達了重要信息。此刻你們每個人都該捫心自問：我是誰，我是什麼樣的人？我為何在人類史的這個時刻出生？我能採取什麼行動助這個預言應驗？我害怕的是什麼？什麼阻止我那麼做？」

有個女人舉手。她說，「我認為雙胞胎砍掉七金剛鸚鵡頭一事具有深意。領導人竭力進入我們的頭，勸我們照他們的意思行事。我想起，鵰族與大禿鷲族預言呼籲我們不受頭擺布，照心的意向走。你能為我們把另外那個預言再講一遍嗎？」

我環視會場。「我繼續講，可以？」

數人回以「可以」、「請告訴我們。」

「沒人知道這則預言已存在多久，」我開始說。「大概已有兩千多年。它可能來自亞馬遜河地區，然後傳遍安地斯山區。此預言說：『在迷濛難辨的古代，人類社會走兩種路線。鵰族走知性路線，即科學、技術、工業的路線。大禿鷲族走感性路線，即熱情、直覺、精神上與自然連結的路線』。」此預言接著解釋道，千百年來兩族從未碰面。然後，在始於西元約一五〇〇年的第四個帕恰庫蒂（Pachacuti，安地斯山語言基丘亞語，意指五百年）時，兩條路線會相遇；鵰族會差點把大禿鷲族滅絕。但終究未滅絕。此預言說，五百年後，也就是今日，鵰族與大禿鷲族會有機會一起飛翔、結為伴侶、生出新的下一代——更高自覺。

「歷史已證實第一個預言為真。哥倫布，一四九二年。鵰族大舉進入大禿鷲族領土，幾乎將原住民滅絕，但未完全滅絕。

「如今，我們就處在那近乎五百年後，此預言就要再度應驗。鵰族與大禿鷲族就要一起創造更高的自覺。這正在發生！原住民導師已邀我們去向他們學習。在全世界的工業化地區，人們對以自然為基礎的傳統智慧和薩滿教興趣甚濃。這正在這裡發生。馬雅人，我們。當下。今天！這趟遠行。」

我再度注視在場每個人。「別有深意？」我問，然後繼續說道，「這則預言要我們每個人探究能從大禿鷲族，從原住民和他們的傳統、儀式、文化，學到什麼東西。我們都是原住民之後。我們知道原住民文化數十萬年來一直過著可永續、尊敬大地的生活。請捫心自問：那個模式為何被打破？我有什麼熱情和技能可以幫忙修補？我能做什麼，帶給自己最大的滿足和喜悅，並幫忙將『死亡經濟』改造為支持地球上長遠生命的經濟，『生命經濟』？我要如何照著自己的直覺走？」

我停住，看著琳。她向大家介紹羅貝托。

他起身，快速環視全場，張開雙臂擁抱在場所有人。他用馬雅語講了幾個詞，然後表情變溫和，改用西班牙語。我幫忙翻譯。「歡迎來到我的國度。我們很高興你們來此。」他坦承他起初不願加入我們的行列，「但，」他說，「看著你們，感受你們的幹勁，我很榮幸能在此與你們共聚一堂。」

他談到自西班牙人入主以來他的族人所遭遇的難題、該國最有錢人家和外商公司漫長的殖民支配史、美國對獨裁政權的支持、未遂的種族滅絕行動。他鼓勵我們在走訪他們的村鎮時，感受馬雅人的苦難和堅毅。他尤其讚賞女人，告訴我們，女人除了支持自家男人，游擊戰士，還走上街頭，示威，封鎖，常落得受傷、入獄或遇害的下場。他討論了他的族人與他所謂之「地之心、天之心、水之心、火之心、空氣之心、我們所有人之心」的強烈關連。他強調，人與自然密不可分。「心心相連。」

羅貝托的勇氣令我感動。他親身前來面對代表他的敵人的人，冀望能把仇恨轉化為慈悲與合作。

在那一刻，為這個馬雅薩滿僧翻譯時，我也領會到我已找到自己的路，領會到在琳和我搭車進山區那個暴風雨儼然要襲來的那一天，我與其說是害怕肉體受傷害，不如說是害怕面對自己和我當經濟殺手所幹過的事。

我也理解到會議室裡所有人都被迫面對我們自己、我們的文化或我們的生活方式裡的某個部分，那是被敵意、衝突、「他們」壞、「我們」好、「我們」分到的那一份必然要從「他們」那兒取得這想法所塑造的部分。身為美國人，我們所有人都繳稅，從而為還在進行的消滅馬雅人的軍事行動，幫忙出了錢。身為經濟殺手和史東與韋伯斯特工程公司的顧問，我直接下場幹這樣的勾當。這趟旅程是為局部修補因此造成的傷害。

在那間會議室裡，有兩種大不相同的文化。美國人，鵰族，所屬的文化，能以經濟好處為理由，將消滅馬雅文化之舉合理化。大禿鷲族，以羅貝托·波斯之類的馬雅人領導人為典型，把人與人之間的關係、人與自然界的關係、人與後代子孫的關係視為優先事項。我在想，如果這兩種文化能相互尊敬、相互學習，能創造出什麼樣的別種氣象？

羅貝托講完，步下講台，還在講台上的琳和我看著他與前來向他致謝的人一一握手。我看到他親自和每個人致意。

隔天開始，我們搭巴士去琳和我探索過的區域，會晤參與「催化」所資助的微貸計畫的婦女，參觀她們的一些成果。我們聽到苦難的故事，聽到失去丈夫的妻子、失去父親的孩子所受的苦，因為她們的男人在內戰期間喪命或失蹤。我們也聽到她們決心撐過難關，決心讓她們的文化和傳統延續下去。

有個叫卡莉塔（Carita）的女人告訴我們，軍人半夜來到她家，把她丈夫拖出去，綁住他雙手，在她和他們的四個小孩面前把他打到不省人事，然後把他委頓無力的身體丟進卡車後面，開走。她自此未再見到他。

「他沒做過反政府的事，」她說，竭力控制她的情緒。「他是農民，不是戰士。」他失蹤幾個月後，她知道要由她獨力撐起這個家；她加入「催化」出資成立的當地微貸合作社，利用小筆貸款支付了陶輪、陶窯的初期款。她帶我們參觀她的陶坊，展示她的作品，甚為得意。

我們群體裡有個女人高舉一只花瓶。「這在紐約藝廊會賣到大筆錢，」她說。卡莉塔面露微笑。「我不需要大筆錢，只要我索價的十五美元就好。那夠我小孩一星期不挨餓。」

我們這群人離開時，已把她陶坊裡的東西幾乎買光。

胡安妮塔·露易莎（Juanita Luisa）有大不相同的遭遇。她丈夫加入叛軍，在與政府軍交手時失去一腿。他已能靠T字形拐杖走動，但無法重拾在當地市場賣農產品的舊業，因為常去該市場的軍人會認出曾與他們為敵的他。

他意氣消沉，在酒精裡尋求慰藉。「他已成了無用的人，」她坦承。「但他是我的丈夫，我不能讓他和我的小孩挨餓。」她原本一直以編織為業，但現在，靠微貸款之助，她找來其他婦女組成一個織工合作社。「我是大商人，」她笑道。「七個了不起的女人。我幾乎不再編織，因為在瓜地馬拉市賣我們的東西，花掉我許多時間。」

我們拜訪這些女人，參觀她們的工作成果，聽到十幾個令人動容的故事。「催化」成員頻頻表示，他們對瓜地馬拉和其人民的觀感，由於這趟行程，已大為改觀。「這裡的真實情況完全超乎我預期，」有個女人說，一語點出其他許多人共有的看法。他們坦承這些女人的心靈手巧、勇氣、決心、善於應變，還有這些女人對「催化」改善她們生活的感激、她們矢志保護自己文化（儘管我們決心消滅該文化）一事，令他們深為感動。

晚上，我們在飯店會議室一起討論當日的活動。琳、鮑伯．格雷厄姆、傑瑞．希爾德布蘭德和「催化」的其他職員，談到微貸的重要。他們解釋道，借錢給女人很好，與男人不同的，女人沒把借來的錢亂花在喝酒、賭博等無益的事情上，在世上許多地方，微貸已大大拓展了女人能揮灑的天地。

琳補充道，「因此，許多女人已成為家中主要的經濟支柱。她們是村中領袖，下一代的榜樣。」

大部分晚上，吃完晚餐後，琳帶領我們從事她多年來從事飢餓計畫期間所培養出的習慣活動，鼓勵我們每個人更深入探索自己的感受。有時這要兩個人面對面，講述當日對自己衝擊最大的體驗。有時，三人一組，每個人分享自己對另外兩人最欣賞之處。有時我們只是交流自己的經歷，分享自己的想法和心情。

幾個人談到因為在富裕的美國出生、長大、受教育，他們享有的優越生活。他們與馬雅人相處、聆聽他們的故事，從而能以遠比媒體寬廣的視角看待世事。這趟旅程也讓他們知道，他們視為理所當然的優越地位，往往是在瓜地馬拉之類國家受傷害的情況下取得。

最後一晚，羅貝托・波斯邀我們一起參加他的傳統馬雅火儀式。他帶我們到飯店外已清除了草木的區域，指示我們圍成一圈。

他解釋道，「幾乎每場火儀式都是這樣開始。」他舉起一袋白糖，在地上畫一個圓。「這代表單一、地之心、天之心、我們的心與整個自然、宇宙的合一。」他在那個圓裡畫了一個十字。「四方，以及四個元素：聖空氣、聖水、聖土、聖火。」他用糖在十字所形成的四個象限裡各擺上一點形成白點。「這四個點代表人類幾乎從世界消失的四個時期。」他指著其中一個點，「大洪水。薩滿僧把我們變身為魚。洪水消退後，我們變回人。」他指著另一個點。「火，火山。我們變身為鳥，飛翔於火焰之上。」指著另一個點。「風，颶風。我們變身為猴，緊抓著最有彈性的樹。」他走到最後一個點。「土地裂開，地震。我們變成蝙蝠，飛進洞穴裡。」然後，他在正中央處，十字線條交會處，畫了一個更小的圓。「這是今時。我們人類再度有滅亡之虞。」他挺直身子，眼睛巡過圍成一圈的我們。「與其他時期不同的，我們自己創造了這場災難。」他停住不語，再度看著我們每個人。「這次我們要如何變身？」他微笑。「我們必須團結在一塊，一如此時此地大家所正在做的，著手更深入了解在這個星球上擁有人類的力量代表什麼意義。」

「更高的自覺，」有人用西班牙語說。

羅貝托笑得更燦爛。「沒錯。」

他用柯巴脂小球、有色蠟燭、粗糖糖磚、摻了蜂蜜的小杯巧克力繼續生火。接下來一小時，我們遵循羅貝托的指示，由他帶領著完成一場儀式。在這過程中，我們背誦馬雅曆的日名和不同日子具有的不同能量，有時把我們的煩惱和負面想法吹進我們獻給火的蠟燭裡，又有時把我們自己變身所需的能量吹進蠟燭裡，把蠟燭獻給火。

看著來自「催化」的人參與這場已有至少三千年歷史、和馬雅文化一樣古老的儀式，我深感喜悅。那個圈子裡的人，個個容光煥發。我不由得覺得這樣的儀式和這些儀式影響他們的看法、鼓舞他們超脫於紅塵俗世之上的方式，正是馬雅人不只捱過襲擊他們家園的所有天災、還捱過西班牙征服者的殺戮和當前內戰衝擊，而得以倖存下來的原因。我想，如果每個地方的人都如法炮製，世界會好上許多。

火儀式結束後，我們之中某些人回飯店的會議室。我先前已為羅貝托描述過我在薩滿教講習期間帶人走過的幾種有人一路引導的旅程。這時，他要我實地示範。我建議大家一起做。於是，在鼓和手搖鈴的輔助下，他和我引導想參與的人走上這樣的旅程。

大家躺在地墊上，我請他們在腦海裡想像他們覺得十足安全安心的地方。我提高音量，壓過鼓聲和搖鈴聲，說「那可以是你真的知道的地方，或許是你小時候去過的地方，或者想像的地方。用最能打動你的感官去探索該地。如果用視覺，或許會看到它。如果沒看到，也別煩惱。可以聽到、聞到、嘗到或感覺到它。或者，乾脆用想的。『啟示』一詞來自『用心去感應』，敞開心胸接受神思。想到什麼，就任其浮現。別讓腦子介入阻撓。」

我低聲將我剛才說的話翻譯給羅貝托聽。他面露微笑，點頭表示贊同。我接著說，「現在，開始慢慢升到你的聖地之上，猶如在飛翔或搭魔毯飛行。上去，愈來愈高。」我們擊鼓，搖手搖鈴。「現在，低頭看著地，看你看到什麼？」

我們給他們約十五分鐘時間進入自己的過程。羅貝托大多閉著眼，搖手搖鈴。但有幾次，他看著我，咧嘴而笑，點頭贊同。

引領大家退出這趟旅程後，我請他們找一個夥伴，向其描述自己的經歷。完成此事後，其中某些人向更大的群體分享自己的經歷。琳是其中之一。誠如後來她在《金錢的靈魂》裡所述：

那是我第一次體驗薩滿教儀式，我任由自己被拉進那個夢境般的狀態，有了非比尋常的體驗……我成為一隻大鳥，感覺自己飛翔在鬱鬱蔥蔥的廣大森林之上。往下看，我看到脫離軀殼的臉從森林地上往上飄，往我飄來。那是男人的臉，臉上繪有幾何圖案，頭上戴著黃紅羽冠。它們向我飄來，然後飄回森林，似乎在講著我不懂的奇怪語言。[1]

琳那晚的旅程預示了後來會發生的事，而且涉入那些事者會有她、她丈夫比爾、他們的許多友人、亞馬遜河地區、安地斯山區的阿丘阿爾人和其他原住民族、未來數十年八十多個國家裡的數十萬人。此舉代表我們往那隻美洲豹再往前跨出一步，那是我們所會體認到，我們所有人都必須伸手觸摸的美洲豹；這隻美洲豹使我們有力量改變我們對地球人類的定義，然後做出改變現實的事。後來我會領悟到，我們正在創造的這份夥伴關係是這些預言應驗的一部分。

第五部 正視美洲豹（一九九三年）

他們說他們夢過這個，說他們的薩滿僧已深入探究過他們所見異象的深意，推斷他們得碰觸我們——他們的人得碰觸我們的人——主動接觸他們最害怕的東西。

第十四章——殺戮欲

「殺了！殺了！殺了！」長矛猛戳我們的窗子。

「催化」的瓜地馬拉行過三個月後，我被困在一架小飛機裡。不久前，飛機降落厄瓜多亞馬遜雨林深處的泥濘簡便跑道，阿丘阿爾人的卡帕威村附近。我望著外面憤怒阿丘阿爾族戰士的彩繪臉孔，害怕至極。他們用長矛和大砍刀猛擊我們的機身和窗子，喊著我懂的一個阿丘阿爾語詞，「殺了！殺了！」

我原以為自一九六九年上尉艾斯皮諾沙警告我阿丘阿爾人會殺人後，過了二十五年，情況已改變。舒阿爾人領地，我那時居住的區域，已有道路伸入，靠羅盤飛行的DC－3已被配備雷達的現代塞斯納（Cessnas）小飛機取代，蘇夸已甩掉西大荒形象，代之以提供熱水和沖水馬桶的飯店。

但這些阿丘阿爾人仍住在他們遼闊、偏遠、無道路的叢林裡。

「殺了！殺了！」

「起飛就是了，」我高聲向機師喊。

「辦不到，」他朝我喊。「他們已把原木卡在我的機輪前面。」

「殺掉雅哈努亞！殺掉圖庫皮的女兒。」

雅哈努亞（Yahanua）坐在我前面，機師旁邊。她俯身越過她的椅背。「就讓他們殺了我。」她語氣很平穩。「我終歸要死。他們殺了我，你們才有機會脫身。」

機外，叫喊更大聲。「殺掉雅哈努亞！殺掉圖庫皮的女兒！」

我的心跳得很厲害。我拚命集中思緒，想要想出辦法。

然後，隔著窗子，我看到我的朋友丹尼爾．庫珀曼。

他幾個月前打電話給我，請我到卡帕威見阿丘阿爾人。

於是我搭機來，並帶來三個人：胡安．加布里埃爾．卡拉斯科（Juan Gabriel Carasco），厄瓜多籍冒險旅遊嚮導；埃胡德．史珀靈（Ehud Sperling），內在傳統國際公司（Inner Traditions International）的總裁，我談原住民的書就由此公司出版；雅哈努亞，舒阿爾族婦女，幫我安排好訪問她族人的行程。

降落卡帕威附近簡便機場的前一晚，我們四人已去過圖庫皮（Tukupi）家。圖庫皮是舒阿爾族薩滿僧，他的事蹟，我已聽過多年。雅哈努亞與圖庫皮的關係，猶如西方世界的教女、教父關係。

圖庫皮住在舒阿爾族領地與阿丘阿爾族領地的交界附近。雅哈努亞告訴我們，沒人知道他的確切年齡，但一九四〇年代，兩族打最後幾場大戰時，他是戰士首領，當時有數百舒阿爾人與同樣人數的阿丘阿爾人廝殺。由這點來看，他們認定他已超過八十歲。後來，他轉換道路，成為薩滿僧。

靠天主教傳教士的努力，這些大戰已結束，但由於沿襲已久的討公道、報仇法則，私人恩怨未消。照圖庫皮自己的說法，他殺掉的阿丘阿爾族戰士，比其他任何在世的舒阿爾人所殺掉的都多——在肉搏戰中殺掉三十三人——他因此成為那些人的兒子、兄弟所欲除掉的對象。

圖庫皮戰功彪炳，於是，未見之前，我想像他是個凶狠、面帶怒容的老戰士，可能因為上了年紀而身形枯瘦。我把他想成戰士，而非薩滿僧，或許源於我所屬文化的偏見，源於我所讀過的書、看過的電影。但我錯了。我第一眼瞥見的圖庫皮，大腹便便，穿卡基短褲，光著上紋。我們下機後，他一派輕鬆向我們走來，讓我想起中國彌勒佛，差別在於他缺了大部分牙齒。他握著我的手上下猛搖時，我打量他臉上已褪色的紋面。

那紋面讓我想起多年前的恩察。

「紋很久了，」他用結結巴巴的西班牙語說，同時大笑。

夜色降臨，刺耳的樹蛙夜鳴壓過其他聲音，我們坐在圖庫皮的屋子裡。這屋子也讓我想起恩察，想起我接受治療從而改頭換面的地方。深夜，圖庫皮講述了他打過的幾場肉搏戰。

「有時，」他用舒阿爾語說，再由雅哈努亞翻成西班牙語，「有戰士叫男童傳來侮辱人的口信，例如『你老婆很醜，但我還是會上她們。因此，你若要保命，就別讓我碰到。』有時他們乾脆說『你殺了我兄弟，你也會死』之類的話。」他大笑。「他們老是警告我要小心。每當站在他們面前，交手之前，我總是對他們說，『你們怎麼不偷偷摸摸過來，趁夜把我殺了？』他們會回道，舒阿爾人或許會做這種事，但那是懦夫的行徑。我會告訴他們，他們找上他，很蠢，那會把他們送進墳墓。」他朝我們瞄了一眼。「然後我動手，用長矛或大砍刀殺了他們。」

「你有把他們的頭製成乾縮的首級？」胡安．加布里埃爾問。

「當然。」他笑著說。「我可不想他們的靈來攻擊我。」

坐在那個老戰士家裡，聽他以低到幾乎聽不清楚的音量，如此雲淡風輕的談仍存在他身上的戰士文化，然後我向埃胡德說明了舒阿爾人的信念：一人被另一人殺掉時，死者的部分靈魂會回來報仇。把頭乾縮，就把那部分的靈魂關在裡面。

「怎麼弄？」埃胡德問。

應我的要求，圖庫皮示範如何將頭乾縮。他伸出一根手指頭，橫向劃過他的喉嚨，然後移到後腦勺往上劃一道。「我們割下頭，除掉裡面的每樣東西——顱骨、腦子、整個除掉——送給女河神春庫伊（Tsunkui）。我們把皮煮過以便保存，然後把眼睛、耳朵、鼻子、嘴巴縫合，以把心存報復的那部分靈魂關在裡面，把熱石塊倒進顱腔，把它塑回臉部模樣。它每天愈縮愈小，我們使用的石塊也愈來愈小。最後，我們用木棉填塞，開始長達多個月的儀式，以使靈魂安息。」

「使靈魂安息，」埃胡德說。「我喜歡這想法，大不同於在美國的我們所認為的，我們以為那是野蠻、令人毛骨悚然的報復、羞辱儀式。」

圖庫皮屋中的餘燼熄掉時，這場交談也結束。我們窩進睡袋後，我腦海裡浮現乾縮的頭，想著這些日子阿丘阿爾人對圖庫皮作何想法。

這時，坐在飛機上，被憤怒的阿丘阿爾族男子包圍，我有了自己的答案。

登門拜訪圖庫皮後的超過二十四小時期間，我們去拜訪阿丘阿爾人的宿敵並和他的教女同行的消息，不知怎麼的，已傳到卡帕威。或許是透過傳信人或靠無線電傳去；無論如何，已有人提醒這些戰士。

聽圖庫皮一番話，讓我們受教良多，但拜訪他，我們犯了一個大錯。這些男子，其父親、兄弟死於圖庫皮之手，照名譽法則，他們必須殺掉雅哈努亞，而且我猜想，也要殺掉和她同行的我們三人，才不會受人唾棄。

「殺掉！殺掉雅哈努亞！殺掉圖庫皮的女兒！」撞擊和叫喊聲更響。看到丹尼爾擠進這群滿腔怒火的戰士，我鬆了口氣。然後我想到他們會把他也殺了。

他登上飛機，舉起雙手。「兄弟們，聽我說句話，」他用西班牙語高聲喊道。有人翻成阿丘阿爾語。叫喊聲平息。「這些人是我的朋友。」他示意機師關掉引擎。「他們來此無意鬧事。」

飛機內，我聽到解帶安全帶扣的聲音和胡安・加布里埃爾旁邊的機門閂打開的聲音。我使勁解掉安全帶。

機門打開，丹尼爾的手伸進來。「快，」他對胡安・加布里埃爾說。

我是下一個。我搖搖晃晃下到地面時，陽光刺得我睜不開眼，我膝蓋軟掉，靠丹尼爾有力的手扶住。我轉頭看埃胡德步出機門。

就在這時，一聲叫人汗毛直豎的尖叫打破寧靜。其中一個戰士往敞開的機門衝過來，手拿砍刀，朝飛機猛揮。他的臉塗了朱紅、黑色條紋，臉形氣得扭曲。

丹尼爾迅即過來，擋在他和飛機之間。這個戰士在離丹尼爾數英吋處停住，怒目瞪著他。丹尼爾輕聲細語和他說話，與此同時關上機門。雅哈努亞和機師仍在機內。眾阿丘阿爾族男子圍住埃胡德、胡安．加布里埃爾和我。他們刻意擦撞我們，一副隨時要出手的態勢，搖晃手中武器，再度喊起「殺了，殺了，殺了。」

丹尼爾舉起雙手。「都過去了。」他的語音鎮定、平靜、沉穩，翻譯者亦然。「阿丘阿爾人和舒阿爾人不再是敵人。如今，你們必須攜手：阿丘阿爾人、舒阿爾人、基奇瓦人——各族——聯合打擊石油、礦業公司。」他輕觸我的肩膀。「這位是約翰．柏金斯。我跟你們講過他和他的組織『夢想改變』。他來這裡是為了幫你們。」

丹尼爾帶我們三人離開那些戰士，來到附近的樹蔭底下，我覺得腳下的土地在轉。我靠在樹幹上，竭力穩住呼吸，看他走回圍住飛機的人群裡。

有張臉隔著機窗往外望。那或許是光影——或只是我憑空想像出來——但有那麼一刻，我以為是圖庫皮。然後我看出那是雅哈努亞。我揮手，但她似乎沒看到我。

丹尼爾對在飛機旁打轉的眾人說話，但我聽不大清楚他說了什麼。他們動個不停，像一窩受驚擾的憤怒蜂。其中幾個人把長矛舉得老高，對飛機揮舞，然後所有人緩緩離開。

丹尼爾向我們走來。「說不動他們。」他抹去額頭上的汗。「她得離開。」

機師發動引擎，慢慢調頭。螺旋槳刮起強風，泥巴飛濺到我們身上。引擎轉速加快，飛機往跑道另一頭衝去，速度加快，離地，掠過樹冠層，離樹冠只有幾呎。

飛機飛走後，我回頭瞥了戰士一眼。他們這時一動不動站在簡便跑道旁，看著飛機離去。他們舉起長矛，叫喊，最後一次表達他們的痛恨。其中一人轉身盯著我。他那張帶著怒意的臉，讓我寒到骨子裡。

我也是他的敵人。我怎麼沒跟雅哈努亞一起離開？我們怎麼沒有全留在飛機上飛走？

「走吧，」丹尼爾說。他帶我們走又窄又泥濘的小徑穿過濃密叢林。飛機聲已聽不到，不聞鳥鳴，大地一片寂靜。

五個阿丘阿爾族男子跟在後面，肩上扛著我已忘了的背包。

「他們怎會扛著我們的東西？」我問丹尼爾。「我們不該幫忙？」他淡淡一笑。「我跟你們說過，你們是客人。那是他們對待客人的方式。」

我覺得這是我們美國人自認該得到的優遇的又一個例子。我想，在潛意識裡，我知道我不必煩心背包的事，因為會有人搞定它們。

來到寬闊的帕斯塔薩河（Pastaza River）時，我們站在河邊片刻，望著從安地斯山冰川瀉下、最終會注入大西洋的滾滾河水。有人把一艘裝了尾掛發動機的長獨木舟拉上岸。

那五個阿丘阿爾族男子把我們的背包裝上獨木舟，坐在船尾附近。丹尼爾、胡安·加布里埃爾、我爬上船。我瞄了一眼獨木舟裡的阿丘阿爾人，他們都沒正眼看我。他們似已接受丹尼爾的命令，把我們當成客人，但看去一臉不高興。我猜雅哈努亞飛走時，他們很氣惱，覺得被剝奪了他們自認應有的權利。或者他們一臉的不悅，只是我個人的解讀？希望是後者。

丹尼爾示意埃胡德和我坐在船頭算來第二排。他和胡安·加布里埃爾坐在最靠近船頭處。我覺得自己光著身子、毫無遮掩、防不了攻擊，真希望我背部和阿丘阿爾人之間有某種屏障。我想起安然位在飛機裡的雅哈努亞，或許這時已回到她家。

丹尼爾轉身面對我們。「卡帕威，」他說，「約兩小時可到。」他示意船尾的阿丘阿爾族男子啟動尾掛發動機；那發動機的外觀和運轉聲，讓人覺得像是一九三〇、四〇年代阿丘阿爾人、舒阿爾人大戰時的東西。

河水奔騰，湍急的水面到處是原木，原木在水裡載浮載沉，衝撞，隨時可能撞翻我們的獨木舟。身邊有充滿泡沫的漩渦。渾濁的岸邊水域，懸垂著叢林藤，我知道那些水域底下有凱門鱷。我在想獨木舟上的阿丘阿爾人會不會用長矛殺掉我們，把屍體丟入河裡，讓凱門鱷毀屍滅跡。

雨打斷我的思緒。撲天蓋地的雨斜打過河面，叢林變得模糊。丹尼爾、胡安・加布里埃爾、埃胡德、我張開疊放在船頭的防水油布，擠在底下避雨。我們已溼透；油布散發機油、腐魚的臭味，但讓我們不致任由滂沱大雨擊打。

雨點打在油布上，猶如子彈擊中聲。我碰過叢林暴風雨，但始終位在樹冠層底下，從未在河中這麼任由風吹雨打。我把油布抬高到剛好可以瞧見外頭，只看到水牆，別無他物。我在想操作發動機的那個人要如何避開河中雜物，把我們安然送達目的地。

我想起我原本害怕這些人，但此刻我的安危全操在他們身手，他們在照料我們。

過了或許一小時，大雨停歇。我們拿下油布，我轉頭看到那些渾身溼透的阿丘阿爾族男子已脫光到只剩纏腰布；他們正用挖空的葫蘆在舀水。我回頭朝他們喊，問要不要幫忙。

「不用，」其中一個阿丘阿爾人答。「這是我們的職責。」先前對他們的害怕和現實上他們對我們的援助，主觀看法與實際狀況間的差距，我又一次點滴在心頭。

我注意到胡安·加布里埃爾腳部附近有塊油布，未被拿去遮蓋我們或我們的行李；那油布底下有件大東西。我問丹尼爾那是什麼。

他露出微笑，彎身拍打它。「禮物，」他說。

我向他與胡安·加布里埃爾之間伸出手，想揭開那塊油布。

他把我的手推開。「就是個禮物，」他強調。

「給……？」

他笑得更燦爛，「你猜？」

「猜不出來。」

他拉開油布。「你。」

一罐一夸脫裝的海尼根啤酒。

我俯身向前，探向他們之間，用手摸。真真切切的東西，不是幻象。我抓著他的雙肩。「你真了解我！」

他只是笑。

我們輪流喝那罐啤酒，九個人個個將啤酒罐舉到剛高於嘴巴處，倒入嘴裡。最初酒罐很重，但每有人喝過一口，就變輕一些。大夥的氣氛也變得較熱絡。我們四個人唱，「划，划，划，划你們的船。」阿丘阿爾人笑，我們也笑，我們灌了啤酒，又唱了歌；和樂融融的氣氛，沖淡了雅哈努亞差點遇害的不快。

獨木舟離開帕斯塔薩河，轉入小了許多且較平靜的支流。巨樹枝枒伸展於我們上方，簡直像是進入受保護的森林隧道。

「像走進主教座堂，」埃胡德說。

丹尼爾轉身，露出微笑。「卡帕瓦里河，很美，很平靜。我選這裡蓋度假屋，這是原因之一。」

獨木舟轉過一道彎，發動機突然安靜下來。

「看那邊，」丹尼爾指著前方，兩片如同薄刃的灰色東西劃過水面，把我們前方的水一分為二。「淡水豚。」

「太棒了，」埃胡德驚呼。「我讀過關於牠們的資料，但從未想到會親眼看到。」

「好兆頭，」胡安．加布里埃爾說。「牠們在迎接我們。」

我們靜靜坐著看牠們在我們獨木舟周邊嬉游。然後一如來時無聲無息，牠們無聲無息消失。發動機啟動，不久，我們就抵達搖搖晃晃的克難碼頭。碼頭所在會成為旅館，卡帕威旅舍（Kapawi Lodge）。

我感到如釋重負。這時丹尼爾說，「今晚在議事會堂見他們村的領導人，他們想和你，約翰，談一談。」

第十五章 來自兩個政府的威脅

我們坐在硬木頭長椅上，長椅用舊獨木舟的底部和側面製成。阿丘阿爾族女人不斷往我們的葫蘆裡填滿齊恰，她們的戰士老公則在旁盯著，要我們非喝到一滴不剩不可。他們的一個領導人站在我們前面，雙手握著一根長矛。他講阿丘阿爾語，但有個讀過教會學校的少年幫忙翻成西班牙語。

那個人對著我說，「我們聽說你多年前在舒阿爾人領地住過，那時我們之中某些人還沒出生，我們對外面世界幾乎一無所知。如今，我們沒那麼無知。大山上的冰正在融化。你們的石油公司毒化了我們鄰族基奇瓦人、瓦奧拉尼人（Huaorani）的河川，用毒物殺害婦女小孩，殺掉想保衛自己土地的戰士。他們從飛機上放火。你們的人不尊敬森林、河川、動物。他們每到一個地方，那個地方就變成灰燼和黑油尼。樹和動物消失，不再回來。」

他把長矛高舉過頭，然後放下，往我靠近，矛尖朝著我。「我們是戰士。」然後，叫我鬆了口氣，他把矛尖移開，改對準男人坐著的諸條長椅。「但我們的薩滿僧夢到，我們就要成為破壞的對象。我們沒有蠢到認為我們的長矛打得過你們的子彈、飛機、毒物、從天而降的火。」他把長矛另一頭給我看；雕成蛇頭狀。「阿魯塔姆（Arutam），」他說。舒阿爾人、阿丘阿爾人都把變身的力量稱作阿魯塔姆。他把矛遞給我。「我們聽說你幫過舒阿爾人，現在，請你也幫我們。請你傾聽這根長矛發出的信息。這根矛代表偉大神靈阿魯塔姆，森林的力量。請你幫我們觸摸美洲豹，我們最害怕的東西，即你、你們的人、你們的文化。」

其他許多人跟著他做。那個夜晚和隔天夜晚，每個站在我們面前講話的人，都傳達了類似的信息。有些人慷慨激昂，有些人則語調輕柔。有些人頭手動作很大，有些人站得直挺挺，雙手緊貼著身側，但他們都傳達同樣的信息，而且那是我不想聽的信息。

他們請我將他們和來自美國的人結成夥伴關係，當然，入夥的美國人必須願意幫他們抵禦石油公司、保護他們的森林，以及——如他們所說的——與他們一同改變現代世界的夢想，把過度消費的文化轉變為尊重生命、維繫生命的文化。這與我先前聽過的信息，來自馬雅人、舒阿爾人、蓋丘亞人的信息類似。但據阿丘阿爾人的說法，這是森林本身直接傳達的信息。他們，還有此刻的我，只是傳信人。

我不想接——不得不拒接——因為「夢想改變」的工作已叫我忙不過來。我覺得自己已辜負舒阿爾人的期許，未充分履行我在數個場合裡公開談到的保衛原住民和環境的任務。我怎還能接下別的工作？我怎有辦法幫這些人？

還有別的因素。我已開始體會到努米先前的警告：「石油公司會想要幹掉你。你的政府，以及厄瓜多政府，可能會追殺你。」

先前某趟厄瓜多之行，我在基多下榻的飯店房間裡，接到厄瓜多籍男子的來電。那人自稱胡利歐．馬提內斯（Julio Martinez），是官方組織厄瓜多國營石油公司（Petroecuador）的顧問，該公司職司與外國簽訂石油開採合同。他邀我共進晚餐。

我們坐在高檔El Dorado餐廳，胡利歐說，「石油是厄瓜多的未來所繫。如果『夢想改變』和你繼續製造麻煩……」他的語音愈來愈輕。他喝了一口葡萄酒，繼續說道，「嗯，你知道總統羅爾多斯的事。」他搖頭，露出遺憾表情。「羅爾多斯阻礙進步，墜機，付出最大代價。」他的視線越過他的酒杯，朝我射來。「別那麼不懂事。」

那次晚餐隔天，我搭機到邁阿密。就要出美國海關時，有個穿西裝的男子朝我亮了警徽，然後護送我到密室。我要求解釋為何這麼做，他和另一個男子不理會，要我脫衣受檢，我只能照做。過程粗暴、羞辱人、讓人害怕。

我確信自己受到警告——來自兩個政府的威脅。

這時，位在亞馬遜河地區深處，阿丘阿爾人正力促我冒更大的險。他們請我把來自森林的信息傳到外界，請我建立會與石油巨頭正面衝突、會改變現代文明之看法、價值觀、作為的夥伴關係。

第十六章　決定

一九九三年第一次去卡帕威那次，我們聽了阿丘阿爾人發出的求助，然後第三天清晨，丹尼爾帶我走小徑穿越濃密森林。下過大半夜的雨，空氣裡瀰漫著濃濃的溼葉子氣味。水從樹、藤、葉滴落我的頭和肩。高高的樹冠層裡，有看不見的鳥對我們唱歌。

胡安・加布里埃爾和埃胡德留在度假屋裡。我們在那屋裡過夜，裹睡袋睡在地板上。幾個長者講述了他們口耳代代相傳的故事，埃胡德想把它們記錄下來。胡安・加布里埃爾要為他翻譯。

丹尼爾和我來到樹林洞開、可看到卡帕瓦里河美景的地方，距我們三天前上岸的臨時碼頭不遠。陽光打在我們身上。看到這條河，我頓時回想起在簡便機場的驚心動魄時刻，想起想要殺掉雅哈努亞的戰士。那之後，阿丘阿爾人似乎很和善，但我揮不去心中的憂慮……。

丹尼爾想必察覺到我的憂心。「阿丘阿爾人是好人，」他說。「要改掉舊作風不容易，但他們正努力朝這方向走。你的同胞的作風，威脅到我們所有人，他們請你引領你的人改掉那作風。」他輕拍我的背，然後指著河。「這會是來我們卡帕威旅舍的訪客第一眼見到的東西。」他張開雙臂，擁抱此河。「我們想要它變得特別。」他看著我。「它是地球上你所能去到最像天堂樂園的地方，不是嗎？」他對我投以微笑。「但我得問你約翰：你真的想此後餘生都在這裡度過，喝齊恰，聽阿丘阿爾人向你求助？」

我震驚得一時說不出話。「當然不想。」。

「那麼你就得同意他們的請求。獨木舟在他們手上。」

「他們不敢把我們扣為人質。」我停住不語，看著他的眼睛。「他們會嗎？」

他大笑，再度輕拍我的背。「好好想想，約翰。」

此後直至天黑，我大半時間一人待在河邊，細思他話中的意思。我認為阿丘阿爾人不會強逼我們四人留下，其中有兩個是美國人。但根據簡便跑道上那段插曲，我怎能那麼篤定？

無論如何，丹尼爾清楚表達了他的看法。阿丘阿爾人鍥而不捨。他們需要、想要我幫忙。我內心有股聲音說我想幫他們，說那或許是我注定要做的事。

我站著看川流不息的卡帕瓦里河，想到反抗英國人的美國愛國者，想到羅賓漢、小馬丁・路德・金恩、羅莎・帕克斯（Rosa Parks）。我心目中的英雄全都勇敢挺身而出幫助受壓迫者。我想起厄瓜多國營石油公司那個男子和美國的海關官員。

我閉上眼，聽河水聲和林中鳥鳴。恩察的臉浮現。他俯身過來，把嘴貼近我的心臟吹氣。他的臉漸漸退去。我摸自己的心，自覺能感受到多年以前他吹送給我的箭。我張開眼。

「你當然會害怕，」我自言自語。「重點不就在這裡？石油公司和美國政府是你的美洲豹。」我朝著河和河另一邊的樹張開雙臂。我不會跑掉，要迎難而上。

我拾起一根枯枝，握在手裡片刻，丟進河裡。看著它流走，我知道當我直接面對我所害怕的事物，我會更敢於挺身對抗與我被教誨信持的美國理想背道而馳的帝國主義體制。我得做那件事。但如何做？問題在此。我能如何執行這個看來不可能達成的任務？

那天下午三至五點，我請丹尼爾陪我走進森林。我們一起坐在巨大木棉樹的大板根上。我向他透露，我想幫忙，但覺得能力不足，舒阿爾人的事已叫我忙不過來。我說結束石油巨頭的不公義行徑是我的職責，但害怕遭報復。我向他說了厄瓜多國營石油公司男子和美國海關官員的事。

他思索我的話頗長片刻，最後終於回道，「我了解」，還說「但想必有辦法。我認為你肯定認識能幫你的人，那人能建立阿丘阿爾人所希望的夥伴關係。」他停住腳看一隻鮮藍色蝴蝶落在附近的樹枝上。「那人沒你那麼容易受傷害，從未涉足你先前那一行，從未惹火政府，從未見過總統羅爾多斯。」他停住不語。「那人或許懂得如何籌錢。」

我立刻想到琳．推斯特。「沒錯，」我答。「我的確認識這樣一個人，但她絕不會同意。她在忙另一個大案子——掃除世界飢餓——抽不出身。」

「事情未必會如你所想的那麼悲觀。」他起身。「畢竟你寫了《世界如你所夢想》。至少你能讓這裡的阿丘阿爾人知道你已提出一條可能的路。」

我向埃胡德請教。

他說，「我覺得你這輩子做過的每件事似乎都在為此作準備。」那天晚上，我坐在群集的阿丘阿爾人之間，知道該說什麼，但很不安。我認為琳肯定會拒絕，屆時我會是什麼心情？我自問。你會覺得被潑冷水，事事不順，心裡有股聲音這麼回答。想到這，我很不高興。我害怕這樣的情況，害怕被潑冷水，事事不順。認清自己所害怕的事，我理解到自己必須觸摸那隻美洲豹，必須利用害怕被潑冷水、事事不順的心理驅策自己行動。我站起身。

我確信我站在他們面前時，最靠近我的那些阿丘阿爾人能看到我在發抖。我告訴他們我有個計畫。我坦承那說不定不管用，但向他們保證我會竭盡所能。我坐下時，他們鼓掌，一個個過來向我致謝。

隔天早上，一群阿丘阿爾族男子陪埃胡德、胡安·加布里埃爾、丹尼爾、我到永久碼頭預定地上方的山脊。他們臉上畫了幾何圖案，頭戴紅黃羽冠，其中一人遞給我蛇首長矛，就是第一晚他在我面前揮舞的那根矛。「阿魯塔姆，」他說。「在你觸摸美洲豹時保護你。」

我收下。矛桿因為他握過和陽光照過而帶有溫度；握在手中覺得很堅實。我不發一語鞠了個躬。我要竭盡所能保護這塊土地和世世代代守護這塊地的族人，這裡已成為我生命不可或缺的一部分。我把長矛貼在心上。我知道那些阿丘阿爾族戰士的阿魯塔姆會與舒阿爾族薩滿僧植入我體內的無形箭合而為一。

下泥濘的河岸時，我停住腳步，看對岸跳躍於林間的一家族猴子。幾隻猴子背著猴嬰。我想起我在美國的女兒。想到要和阿丘阿爾人一起打造一個新夢想，會讓這些森林得以留存給後代子孫的夢想，我不由自主露出微笑。活這麼大，我首度滿懷希望。

在族中數位長者的力促下，我們決定在回箚便機場途中，見一個著名的阿丘阿爾族薩滿僧，他是丹尼爾的友人，名叫泰錫（Taish）。「跟著他喝阿亞瓦斯卡，」其中一個長者對我說。「這植物會告訴你重要的事情。」他們告訴我，他的村子晚近受另一群阿丘阿爾人攻擊，那群人相信泰錫使用巫術殺了該村的一個薩滿僧。但有人向我們保證，亂子已過去。「泰錫的阿魯塔姆很強。分享他的阿亞瓦斯卡，正是時候。」多年來，我一直遵循薩滿僧的意見，只在我覺得已充分消化了最近一次使用這植物的體驗且有新且重要的挑戰、疾病或問題要處理時，才喝阿亞瓦斯卡。事隔四年；我覺得可以再嘗一次。

載我們溯河而上的獨木舟是大獨木舟。初上路時，有二十四個乘客，還載了好幾簍不同的貨物。獨木舟常靠岸，以讓乘客上岸，走山徑入森林。這些男女都在卡帕威工地工作，定期回家，以便給家裡補充必需品，幫忙打獵、照顧菜園等家活。

愈往上游走，碰到的人愈害羞。最初，就只是小孩看到我們立刻就跑進森林裡，後來年紀較大的人也是這樣的反應。過了某個點，每個人都躲著我們。丹尼爾解釋道，沒看過外人的人，看到我們就害怕。他問我，「埃維亞人傳說（Legend of the Evias）＊，攻擊舒阿爾人的大塊頭白皮膚食人族，記得嗎？」我的確記得，那是夜裡講給小孩聽的故事，就和我小時候用來逗樂、驚嚇小孩的那些鬼怪故事、格林童話邪惡老女巫故事差不多。「阿丘阿爾人有同樣的傳說。他們或許以為我們是埃維亞人。」

我在想這會不會也和攻打泰錫的那場戰爭有關。

快日落時，有棟宏偉的橢圓形大屋，高高出現在俯臨此河的山上。一如舒阿爾人、阿丘阿爾人的民居，此屋有精心編成、斜度甚大的茅草屋頂。一如舒阿爾人的民居，但與其他阿丘阿爾人民居不同的，此屋有以縱向的瓊塔木（chonta wood）桿搭成的牆——瓊塔木木質極堅固，他們也用此製作長矛。

「為什麼蓋這些牆？」我問丹尼爾。

「因為他們曾受攻擊，」他答，語氣聽來透著緊張。

爬上泥濘的河岸時，我赫然看到手持長矛的阿丘阿爾族戰士，臉上繪了密密麻麻的鮮紅圖案，駐守在步道沿線和那棟屋子周邊。這景象讓人覺得不妙。我回頭瞄了一眼，注意到埃胡德和胡安·加布里埃爾仍在下面河邊。埃胡德正猛按快門，胡安·加布里埃爾正在抽雪茄、和幾個阿丘阿爾族男子聊天。他們似乎毫不擔心，但我的胃像是一窩扭動的蛇。

＊有時拼作 Iwias。

「或許我們該回頭，」我低聲向丹尼爾說。

「看看泰錫會講什麼。」

一個高大健壯的男子從屋子往我們走來，上半身赤裸，只有幾條交叉於胸前的串珠，臂下夾著一把獵槍——在當時，那是很罕見、很貴重的武器。

我身上每條肌肉緊繃。

他穿阿丘阿爾族傳統裙子，長及他光著的腳，黑色長髮上戴著紅、黃、黑、白羽冠。但最叫我心驚的是他猙獰的臉部。兩道紅色平行線劃過他的臉頰和鼻子，中間有諸多鮮紅色的X圖案（可怕森蚺的象徵符號）連接兩紅線。另有紅線條從雙耳延伸到嘴巴，臉上表情冷峻。他走過來時，一雙淺黑色眼珠子猛打量我們。

丹尼爾跨步向前。「哈囉，泰錫，我們以朋友的身分來，」他用西班牙語說。

其中一個較年輕的男子靠到泰錫身旁，幫他翻譯。「你是我的朋友，丹尼爾，」泰錫回道。「歡迎你和你的朋友。」

「看來你們還在打仗，我們是不是該離開？」

「你們很安全。」他露出微笑。「那些懦夫趁我落單時攻擊我，我把他們打跑了。現在我身邊有戰士；他們不會靠近。」他輕拍獵槍。

埃胡德和胡安．加布里埃爾來到時，丹尼爾和我向他們解釋了情況。他們在河邊時已從那裡的男子那兒了解整個情況。

「他們向我們保證現在很平靜，」胡安．加布里埃爾說。

「我認為這是喝阿亞瓦斯卡的理想地方，」埃胡德補上一句。「我贊成留下。」

喝阿亞瓦斯卡之前我總會禁食一整天，這次也不例外。照過去的經驗，我知道這植物會告訴我該了解什麼，知道我最終會進入恍惚迷離、不由自主的境界。但這一整天，我的思緒常落在當前世局上。我希望阿亞瓦斯卡助我洞察人類是如何從簡單、貼近自然的生活（例如阿丘阿爾人的生活），改為複雜、高度物欲、無法永續的生活（即今日我們大部分人過的生活）。那天下午三至五點間，我走進森林，坐在一棵大木棉樹下，審視我的過往：在新罕布夏州的提爾頓（Tilton）長大；上大學；加入和平工作團；成為經濟殺手；與舒阿爾人、「夢想改變」一同努力，為史東與韋伯斯特工程公司效力。心中一再浮現一疑問：人類為何選擇走一條導致擁擠城市、汙染、極端浪費、所得不均且最終似乎必然在自取滅亡中終結的文化演變之路？

我察覺到影子已變長。時間到了。

我回到泰錫家，看到丹尼爾、胡安．加布里埃爾、埃胡德、幾個阿丘阿爾族男女坐在木凳上，圍成一個馬蹄形，開口處兩張空凳子相對而立，我知道那是為薩滿僧而擺。我在丹尼爾旁邊坐下。

「泰錫的部分家人、鄰居今晚也會喝，」他低聲說。

不久，泰錫入座。他的穿著一如先前，及踝長裙和羽冠，但裸露的胸膛上不再有串珠。他臉上畫了這時我已熟悉的朱紅森蚺象徵。他未帶獵槍，而是帶著一個大葫蘆和一個較小的土杯。他走到面朝馬蹄形的那只空凳子坐下，掃視了在座的阿丘阿爾人和外國人。他與我四目相接。一時之間我認為他露出微笑，然後他的視線轉向別處。

他不發一語，把葫蘆提到他大腿處，開始對著它吹口哨，如此做了或許五分鐘，然後向我示意。我會是第一個。

我起身，走到空凳子邊，面對他坐下。他雙眼仔細打量我，但未和我四目交接。我看著他緩緩將濃稠的暗色液體從葫蘆倒進杯子，那股熟悉且刺鼻的氣味使我想吐。他低頭對著杯子念念有詞，然後把杯子遞給我。

我知道最好一口就把它喝完，愈快愈好。喝完後，我把杯子遞回給泰錫，回到我的凳子。我坐著看其他人一個接一個做同樣的事。最後一個阿丘阿爾人喝下後，我的胃已在咕咕叫，在翻攪。我起身，吃力走出屋子，來到森林邊緣，四肢著地，嘔吐。惡臭的深橘色液體從我嘴巴猛然噴出。我聽到一股聲音提醒我，我的身體正在清除自身的壞能量。我只希望劇烈的嘔吐快點結束，但還是一吐再吐。

終於不吐時，我全身癱軟無力。我從跪姿改為坐姿，背靠著樹，凝視陰暗的森林。我看到先前喝阿雅瓦斯卡後看過的彩色光珠，看到不斷變形的幾何圖案。又過了一會兒，我注意到人影穿過森林，其中許多人影進出林間。那是男人。他們赤裸的身軀塗成紅色。他們靠過來，朝我和泰錫的屋子揮舞長矛。那是戰士。攻擊我們！我嚇壞了。泰錫的敵人趁這個最無力抵禦外敵的時刻過來，要把我們全殺掉。我得跑回屋子向其他人示警，但我癱瘓，坐在原地動不了。

泰錫開始念念有詞；一切都變了。

我看到自己進入一個淡藍色的保護球，某種藍色霧靄般的東西，我從坐處升起，升到樹冠層上方。我往下看，那些光著身子的攻擊者變為披戴盔甲、金屬頭盔、胸鎧的軍人。他們手持盾牌和鋼刀。我懸停在他們上方，以旁觀者的姿態俯視。他們帶我到古羅馬圓形劇場。我從上方看著獅子攻擊一群毫無還手之力的男女小孩。眼前景象漸漸淡掉，改為另一個景象：一長列上了腳鐐手銬的非洲奴隸，被從帆船押到市場，一路上遭鞭打、毆打，那市場可能是十八世紀南卡羅萊納州的查爾斯頓（Charleston）或哥倫比亞的卡塔赫納（Cartagena）。然後是一幕幕人類虐待同類的景象，最後是巨大的航空母艦和操控無人機的人。又過了一會兒，我看到另一種駭人景象：摧殘大地的巨大推土機和鑽油平台，把汙染物吐進大氣層的巨大工廠，在街角攬客的妓女，大商場裡始終不看彼此一眼或不交談的購物者；耀眼玻璃鋼骨摩天大樓上方山坡上的貧民窟，在未遮蓋的排水溝旁邊棲身於紙箱裡的人家，高架道下方裹著髒汙毯子的流浪漢，俯臨優美海灘的豪宅。

然後景象又變。我飄過青綠山巒，下方有一群女人，其中一人抬頭看我，指著我。「你們看，有錢人總是想要更有錢，想要鞏固他們的權力，」她朝我喊。

其他女人附和，齊聲說：「科技，控制，馴服自然。」

那個帶頭的女人繼續長篇大論有錢有勢者如何努力支配一切——人與自然——從而，如我們所知的，摧毀生命。她說，「商業主義對他們來說成了一種生活方式，**唯一**的生活方式。我們把他們叫作『不可靠的支配者』。」

偶爾其他女人插上話，齊聲道出一再重複的話：「科技，控制」、「不可靠的支配者」、「馴服自然，馴服自然。」最後，帶頭者揮手要我走開。「你知道的，」她說。「現在你能回去你的另一個世界，你有事要做的世界。」

然後幻境消失。我發覺自己躺在泰錫屋外的地上。我竭力思索剛走過的幻境之旅。我想到，人類為何發展出與自然隔開、走上自取滅亡之路的文化，這段旅程已給了我一個答案。身為萬物之一，我們人類走上欲獲取更大控制、權力、物質財富、文化優越性之路。殖民主義是我們歷史的標誌。

我爬起身，改跪著，深吸了數口氣，然後站起來。我站不穩，但還是奮力走進屋裡，走到正站在火邊的泰錫旁邊。我們互盯著對方片刻。他指著我先前已攤開我睡袋的地方。我向他鞠躬，搖搖晃晃走向那裡。爬進睡袋時，赫然發現埃胡德、胡安．加布里埃爾、丹尼爾躺在我附近，已睡著。我瞄了一下手錶，赫然發現已近午夜，自我喝了阿亞瓦斯卡已過了五個多小時。

隔天早上，我醒來，聽見笑聲。我環顧四周，看到埃胡德、胡安．加布里埃爾、丹尼爾與泰錫、其他幾個阿丘阿爾族男子坐在一塊喝齊恰。那些阿丘阿爾族男子在笑。我起床，加入他們。泰錫站起來對我說話，說了許多阿丘阿爾族人都懂的話：「Bien. Muy bien.」（好，很好）。

我回以同樣的話，然後用阿丘阿爾語感謝他，「Makate.」

我們彼此寒暄一番，然後繼續喝齊恰，吃香蕉和煮過的木薯。按照慣例，我們在喝過阿亞瓦斯卡之後，簡短描述了自己的經驗。

我講完我的經驗後，泰錫面露微笑。「一隻大美洲豹站在你面前，」他說。「很好，因為牠送給你阿魯塔姆。」

離開卡帕威之前，丹尼爾已透過短波無線電安排好飛機來接我們，天氣許可的話，飛機會在最接近泰錫家的簡便機場接人。雲漸漸飄來，我們得趁雨來之前盡快動身。我們告辭，打包好裝備，前去搭獨木舟。

抵達狹窄的河灘時，丹尼爾擁抱了胡安．加布里埃爾、埃胡德、我。他會留下來繼續忙他與阿丘阿爾人的事，繼續蓋卡帕威旅舍。

我朝森林、河、阿丘阿爾人看了最後一眼。這些千百年抗拒外部世界的男人理解到極重要的一點。他們得觸摸他們的美洲豹，正視他們最害怕的事。我理解到，一如那天夜裡現身我面前的那個女人所說的，我有事要做。我得面對那些不可靠的支配者，得從我的世界找到願意幫阿丘阿爾人完成讓我們擺脫「馴服自然」之心態的人。我得克服害怕被潑冷水、事事不順的心理。

我跨進獨木舟，與埃胡德、胡安．加布里埃爾、四個阿丘阿爾族男子一起前往簡便機場。

其中一個阿丘阿爾族男子過來，在我旁邊坐下。「昨夜，阿亞瓦斯卡儀式期間，我的祖先現身我面前，」他用西班牙語說，指著天空。「他們在上面。Los Sabios（智者）在上面看著我們，送來建議。他們告訴我，你和你的人會助我們抵禦石油公司入侵我們的土地。我們必須教你的人如何照護每樣照護我們的東西——植物、河川、動物。」

繼續順河而下時，我想起幻境之旅裡那個女人講的話：「商業主義……**唯**一的生活方式……不可靠的支配者……你有事要做。」我似乎接到一道命令，要我擬出一個我的世界會懂的計畫。但我必須做的事究竟是什麼？

第十七章——面對一隻美洲豹

飛機降落幾天前我們飛離的那座位於叢林邊緣的小機場，然後我們三人搭胡安．加布里埃爾留在那裡的吉普車到基多，在離開卡普威三天後，我來到邁阿密國際機場。

我再度被海關官員脫衣搜身，很侮辱人，很不舒服，但這一次，我不是覺得受恐嚇，而是覺得生氣。光著身子被兩個男人粗暴搜身，我意識到我只是小小體驗了外來移民或非白種美國公民肯定會受到的待遇，被強有力政府的代表歧視、不當對待。我重新燃起要挺身對抗剝削、虐待孤弱無助者之體制的決心。

開車北返位於棕櫚灘花園市（Palm Beach Gardens）的房子時，我的思緒從海關經歷飄回亞馬遜河地區，再飄到我要打電話請琳幫忙一事。在阿丘阿爾族那間屋子生起的焦慮不安，這時重回心頭。我告訴自己，她會覺得受辱。我能聽到她對我說，好似她就坐在我車內旁邊：我不是說過我要獻身於飢餓計畫，你當耳邊風？你怎會跟我要求這樣的事？

到家時，我已說服自己隔天早上再來思考打電話給她的事。共進晚餐時，妻子維妮弗烈德要我說說這趟旅程。我照做時，還是流露出為了找琳幫忙一事心裡的緊張不安。

「如果她不同意幫忙，你怎麼辦？」維妮弗烈德問。

「我不知道，但我大概從此無法再於厄瓜多露臉。」我們兩人大笑。這話帶有玩笑意味；但那天夜裡我努力讓自己入睡時，腦海裡一直想著這事或許會成真。

隔天早上來得真快。我去辦公室，盯著電話，那是最早的無線電話機款式之一。時鐘，早上九點半。東岸時間。唷，琳住的加州才早上六點半。打給她還太早。

我翻了堆在桌上的郵件，付了一堆帳單。

然後，早上十一點，加州已是早上八點。我知道琳往往早上七點半就會接電話。

我決定再喝一杯咖啡再打給她。我需要更多咖啡因提神。

坐在辦公桌前，盡可能慢地啜飲咖啡，望著牆上一幅厄瓜多街景畫，我煩惱琳若拒絕，我要跟丹尼爾怎麼說。他會如何向阿丘阿爾人解釋我未能完成使命？我要怎麼跟埃胡德，幫我出書的人，交待？

然後我看出這兩個疑問的可笑反差。一個和受到外商公司嚴重威脅的文化有關，另一個和個人顏面有關。

我想起讀八年級時的一件事。那時我走到體育館另一頭邀一個女孩跳舞，被她拒絕。整個體育館的人都在看著我、對我指指點點、在我背後竊笑……至少我這麼覺得。

我放下咖啡杯，閉上眼睛，想要靜思冥想。但害怕被潑冷水、害怕失敗的念頭一再浮現腦海。在我人生的大半時期，這種害怕心理一直影響著我。但在此前，身為經濟殺手的我順利說服數國領導人接受我所提出的交易。如果他們一開始拒絕，我不死心。差異在哪裡？

我站在那個八年級女孩前，覺得脆弱、無處躲、光溜溜。我與大人物同桌議事，文件攤在我面前的桌子上，覺得幹練、自信、一身猶如盔甲的西裝非常體面。

從腦海裡這兩個畫面，我意識到體育館那件事的成敗與我切身相關。我讓自己處於易受那個女孩──和一整個體育館的同學──傷害的境地，而她拒絕了我。潑了我冷水。單單對我個人。另一方面，經濟殺手提出的交易無關乎我個人。這一差異已是我人生的一大特點。

害怕自己被潑冷水、被指指點點、易隨著他人的看法而心情波動，是我的美洲豹之一。琳．推斯特會拒絕我，潑我冷水。

我睜開眼。阿丘阿爾人給我的那根蛇首長矛，擺在我面前的辦公桌上。阿魯塔姆。有股聲音要我把害怕被潑冷水、害怕失敗的心理轉化為行動。

我拿起長矛，感受到它的堅實。我把矛尖對著我的額頭，即第三眼，然後對著我的心。如果她拒絕，那是因為她矢志獻身於飢餓計畫，不是要潑我冷水。

我把長矛放下，放在電話旁邊，撥了琳的電話號碼。

她幾乎立即就接起電話。「謝天謝地你打電話來。」我能聽出她重釋重負的嘆氣聲。「我一直打電話找你，你都沒接。你的答錄機總是說你不在家，說答錄機已滿。」

我呼了長長一口氣。「那時我在厄瓜多。妳打電話找我做什麼？」

「我剛從非洲回來，在那裡碰到奇怪無比的事，叫人擔心害怕，希望你能幫我。」

她說她在迦納，在飢餓計畫會議上，再度看到異象，類似她在瓜地馬拉經歷的異象。

「我和那些非洲男子坐在會議桌邊時，他們的臉變成繪有幾何圖案的臉，頭戴紅黃羽冠。我告退離席，去洗手間，想讓自己鎮靜下來。但回到會場，異象又出現。我告訴他們我不舒服，告退離席，打包行李，搭下一班飛機回舊金山家。」她停住片刻。我能聽到她的呼吸聲。「但是，」她繼續說，語氣滿是焦慮，「異象還是出現，我的生活完全被打亂！我不知道怎麼辦，心想你或許能幫我，因為你有和薩滿僧交往的經驗。」

我簡直無法相信自己聽到的。我想大聲喊出來，但逼自己鎮靜。「阿丘阿爾人，」我對著電話筒說。「妳看到阿丘阿爾人。」

「什麼？」

「我剛去見過的亞馬遜河地區居民。」這時我站起來，電話筒貼著耳朵，在房間裡四處走——房間裡四處跳。「他們在呼喚妳。」橫跨大陸的電話線裡一片靜默。我不由得小小笑出聲。「妳還記得，我們在瓜地馬拉時，我跟妳說過必須『觸摸美洲豹』一事？」

「我想是吧。」又停住一會兒。「沒錯，那要人正視自己害怕的事物。」

「嗯……」。我決意盡可能穩重，不讓自己的語氣聽來像是剛獲准在糖果店裡想買什麼就買什麼的小孩子。「他們提醒我，觸摸美洲豹，我們就理解自己害怕的事物和讓我們停止不前的障礙。我們碰到它們不跑開，反倒面對它們，改變我們對它們的看法。然後我們採取改變自身和社會所必需的行動。在上一趟行程中，他們告訴我，我們的石油公司，我們的生活方式，我們極端物質主義的作風，是他們最害怕的東西。他們說他們夢到這個，說他們的薩滿僧已深入探究他們所見異象的深意，推斷他們得碰觸我們──他們的人得碰觸我們的人──主動接觸他們最害怕的東西。」

「現代世界……。」

「正是。」我壓不住內心的雀躍。「沒錯，就是那個！那正是他們說的東西。」

「太神奇了。所以他們來找你……。」

「找我的朋友丹尼爾，然後我。」

「他們信賴的人。」

「他們想了解現代世界、我們的世界，以便為重大接觸作好準備。保衛自己，抵禦石油公司。他們請我幫他們。」

「鵰族與大禿鷲族的預言。」她長長吐了一口氣。「然後？」

「我告訴他們，如果我找到比我更能促成此事的人。」我等她追問下一句。

她沒講話。

「就是妳。」又是靜默。「妳做過募款、慈善、找人幫忙的事，資歷非常完美，而且妳有在非洲、印度、如今瓜地馬拉與當地人打交道的經驗。妳把『催化』的行程辦得很妥當，我很佩服。我告訴阿丘阿爾人，妳或許願意把能與他們建立夥伴關係的人糾集在一塊。他們的人和我們的人。他們很興奮，興致昂揚，要我邀妳去見他們，帶著這樣一群人去。那不只是邀請。他們說那是使命。」

第六部

埃維亞人的傳說（一九九四～一九九五年）

你們必須自問什麼是自己人生中的埃維亞人，什麼讓你們害怕？……你們必須做什麼才能改變這個？……你們必須獨力完成此事，沒人幫得上忙。只有完成此事，你們才不致於和自己爭戰。

第十八章 竊國

收到亞馬遜河地區深處偏遠的原住民發出這份邀請時，或者應該說「召喚」時，那是我無法拒絕的召喚。於是約翰和我幫忙糾集了十二個來自現代世界的旅人，前去見阿丘阿爾族領導人。這群人都是很有地位且剛正不阿之人——有著開放的心胸且個個在各自的議題上有全球級的發言分量，並對雨林如何攸關萬物的永續長存有某種了解。他們為人謙遜，願意接受原住民的智慧，會尊重薩滿僧的作風和阿丘阿爾族的生活方式。[1]

——琳．推斯特，《金錢的靈魂》

琳在那通電話中答應阿丘阿爾人的請求，隨即列了一份名單，裡面都是可能會對此事有興趣，而且具有必要的人脈和本事，能打造類似阿丘阿爾人所希望之夥伴關係的人。然後我們開始找那些人談，但政治出來攪局。一九九四年，為了雨林中一塊各自宣稱為己所有的區域，厄瓜多、祕魯關係緊張，一九九五年初兩國打了短暫的邊界戰爭，我們不得不中斷此事，一年多後，兩國簽署和約，我們才得以繼續找琳所列名單上的人談。

要勸他們入夥很不容易。他們每個人都知道兩國打了邊界戰爭，我們得讓他們相信此戰爭已真的結束。此外，我們得向他們預告亞馬遜河雨林之行的艱辛和潛在危險。他們會是許多阿丘阿爾人所見過的第一批外人。他們會生活在原始的環境裡，會搭獨木舟行過棲息著凱門鱷和森蚺的河川，會走過有美洲豹、野豬、毒蛇出沒的森林，會沒有熱水、沖水馬桶、軟床可用，會沒有服務生幫他們提拿行李。他們得隨身帶著睡袋，晚上搭蚊帳睡在睡袋裡。

我們知道必須把這些事全講清楚，但我個人很矛盾。我知道把這些可能碰到的問題說清楚很重要，但又不希望哪個人因此打退堂鼓。我希望此行能有重大成果。我不知道那會是什麼樣的情況；阿丘阿爾人所用的字眼——「夥伴關係」——是我所能找到的最理想字眼。但那究竟是什麼意思？

琳和我一一打電話、寫信，向他們每個人告知此行的辛苦、艱難、危險，但也強調此行的歷史意義和該地的美麗。我告訴他們，他們會搭獨木舟走河，那些河裡有漂亮、淘氣的淡水豚悠游，森林裡住著色彩鮮豔的金剛鸚鵡、巨嘴鳥、蝴蝶、在林間跳躍的猴子。他們會有機會住在受族人尊敬的薩滿僧的家裡，而且我們相信他們會有機會喝阿亞瓦斯卡，並接受他的療癒。他們會有機會和邀他們過來的男女小孩打成一片，因為這些原住民想要建立某種夥伴關係，透過該關係改變人類對雨林的看法，乃至改變對人類生存於地球一事之本質的看法。厄瓜多和祕魯相安無事。我保證，此行會是千載難逢的一次冒險。

還有一點，我相信，至少提升了其中某些人的信心。我告訴他們，我十二歲的女兒潔西卡會和我們同行。她不到一歲大時，維妮弗烈德和我就帶她去過墨西哥的馬雅人地區，那之後，又帶她去厄瓜多安地斯山區數次。她未去過亞馬遜河地區，但能參加這行程，她很興奮，而且維妮弗烈德和我都認為此行會讓她受益良多。我確信，我們所邀請的人，得知潔西卡會同行後，更加相信我會竭盡所能確保他們安全。

最後，除了兩個厄瓜多籍嚮導丹尼爾和胡安．加布里埃爾，還有十人參加此行程：艾拉．奧爾福德（Ella Allford）；戴夫．埃利斯（Dave Ellis）；崔許．沃爾德龍（Trish Waldron）；戴布．埃默辛（Deb Emmershien）；吉姆．戈林（Jim Gollin）；鮑伯．格雷厄姆；溫蒂．格雷厄姆（Wendy Graham）；喬許．梅爾曼（Josh Mailman）；琳．推斯特；她丈夫比爾；潔西卡；我。其中某些人在邁阿密機場會合；其他人直飛基多。一九九五年的阿丘阿爾人領地之行，我們從基多搭租來的現代空調巴士，翻過安地斯山，下到叢林。比起二十七年前的木造車廂，此巴士舒適安全多了，但彎彎曲曲的泥土路還是讓人想起當年。但或許因為此巴士的舒適，大家似乎覺得此行是驚奇之旅，欣賞到令人讚嘆的帕斯塔薩河峽谷。

一邊是陡然拔起的峭壁，猶如巨大要塞的高牆，上面點綴著深紅色鳳梨科植物的火紅箭狀葉片。每隔約幾英哩，就有瀑布打在我們的巴士上。另一邊，土路陡降為深淵；淵底，帕斯塔薩河蜿蜒流向其與亞馬遜河的會合點。

帕斯塔薩河對岸，景觀變了。原本覆蓋著蓊鬱熱帶森林的陡坡，慘遭荼毒，傷痕累累——貪婪的石油、木材公司和在這些公司蓋了馬路後跟著進來的農場主，使這些山坡成了不毛之地。望著窗外殘破的景象，我想起一九六八年的厄瓜多。

德士古聲稱石油具有神奇力量，會使貧窮國家一躍而為富國，結果是惡夢一場。眼前的景象反映了現代經濟學的可笑。隨著石油公司開路，為叢林打開殖民、開發之門，大片森林被毀。金剛鸚鵡、美洲豹、猴子、貘、原住民被趕到森林更深處。更北邊的地方，石油公司已使原本潔淨無汙染的河川變成火熱的化學汙水池，當地居民受苦於極高的得癌率和兒童白血病率。整個地區，原被告知會因「開發」而致富的人，此時都在掙扎求生。

行至路上某處，可以看到阿戈揚（Agoyan）水力發電廠的巨大水泥壩體。這時丹尼爾拿起麥克風講話。「我想約翰對這座大壩有些話想講。」

我緩緩起身，往前走，竭力壓下複雜情緒。該向這些人全盤托出，還是簡單帶過，我頗為矛盾。

丹尼爾把麥克風遞給我，要司機停車。車子在我們可將那堵灰色巨牆一覽無遺之處停住。

「嗯，」我說，「來談談我當經濟顧問的部分經歷……」我研究了手上的麥克風。「管它的！「我們給自己取的綽號是經濟殺手。」這是我第一次公開講到這幾個字。我簡短扼要講述了我的工作。「在厄瓜多這裡，我們把重點擺在蓋發電設施。」我指著窗外。「這座水壩直到一九八〇年代才完工，但六〇年代就開始籌畫。一九七二年政變後，新獨裁者拉拉將軍（General Lara），美國陸軍美洲學校的畢業生，中情局在厄瓜多的人，同意接受世界銀行和美洲開發銀行的貸款，以建造水壩等基礎設施。美國公司與往往腐敗的厄瓜多官員談成很有賺頭的工程、營造合同，從中賺了數百萬美元。一些有錢的厄瓜多人，名下有靠電力運作的工廠和其他事業，變得超級有錢。但不妙的是，教育、保健等社會福利事業，能讓其他人受益，而這些事業的經費被挪去還債務利息。為了得到貸款，厄瓜多得接受數個條件，其中之一是厄瓜多要允許德士古等石油公司往雨林更深處擴大其事業版圖。」我瞄了一眼巴士上的眾人臉孔。「那是不折不扣的殖民主義，」我說。「美國正在打造帝國——在亞洲、中東、拉丁美洲、部分非洲。如今，我們的人口占世界不到百分之五，耗掉世界資源超過兩成。」

「你怎麼界定『殖民主義』和『帝國』？」坐在巴士後頭的一個女子問。

「殖民主義，」我答，「出現於一國進入另一國或另一種文化，並控制其經濟、土地、資源、人、治理制度之時。帝國有諸多特點，但五大特點是帝國殖民支配其他許多國家或文化；帝國人民的人均資源消耗量超乎應有的比例；帝國的語言被當成標準語言，用於商業和政治；帝國的貨幣是最強勢的貨幣；軍國軍力龐大，隨時可以出動保護帝國在各地的利益。」

「聽來就像今日的美國，」有個男子說。

我所能做的，就只是點頭同意，竭力不讓要我噤聲的情緒支配我。數人在數落美國的不是。

「你重返此地以彌補過錯，」坐在巴士後頭那個女子論道。

丹尼爾要司機開車上路。巴士往前急動，我站不穩，丹尼爾及時抓住我。

「大壩反擊，」我站穩身子時說。

眾人大笑，沖淡嚴肅的氣氛。

「跟他們講講羅爾多斯，」丹尼爾催道。

「這件事很有意思，」我說。厄瓜多「經過一連串得到中情局支持的獨裁者主政後，一九七八年舉行了民主選舉。有個叫哈伊梅．羅爾多斯的律師拿下總統寶座。他的參選政見是控制石油公司，逼他們清掉他們所造成的汙染，把一部分獲利分給厄瓜多人。我，連同其他經濟殺手，被派去那裡勸羅爾多斯改弦更張，勿履行其承諾──為此威脅利誘雙管齊下，聽話就回報以金錢，不聽話就會面臨中情局威脅、政變、暗殺。」

我激動得說不出話，呆呆站在那裡。

丹尼爾拿走我手中的麥克風。「總統羅爾多斯死於專機墜機。」

我把身子靠向麥克風。「我很篤定他死於暗殺。」我看著他們。「這次就講到這裡。」

我在潔西卡旁邊坐下。

「說得好，老爸。」她輕拍我腿。

此後的巴士行程，我都只是靜靜凝望窗外。我能聽到別人談我剛說的事。我知道他們心裡有疑問，但我無意多談我人生和我國家這些見不得人的事，他們似乎也知道這點。最後我們抵達殼鎮（Shell），全鎮以殼牌石油公司所建的簡便機場為中心發展起來，被厄瓜多軍方當成其亞馬遜河地區軍事行動的大本營，傭兵也利用此鎮保護石油公司營運。

我們下巴士，一起在飛機棚裡等搭機到另一個泥土地面的簡便機場。那座簡便機場比我前一次前來時所降落的簡便機場新，位在有基奇瓦人、舒阿爾人居住的村子裡，更靠近卡帕威。

等待時，我向大家講述了自上次拜訪過阿丘阿爾人之後愈來愈沉重壓在我心頭的事。我告訴他們，他們即將見到的人，其生活和幾乎整個人類史上大部分人類所過的生活一樣。「我們人類存在約二十萬年，」我說。「在這期間，我們的祖先和自然和諧相處，只有最後三千至四千年例外。他們的生活方式——他們的經濟——強調照護下一代、下下一代和以後的無數代。你們即將見到的人希望你們過來，是因為他們理解到我們的現代生活方式——我們的經濟——建立在短視、貪婪、最終會自取滅亡的看法上。

他們已見識到開採石油和這些公司建造道路、輸油管、工人營地等基礎設施，給他們鄰村的原住民帶來什麼樣的嚴重破壞。他們希望我們離開這裡時受到啟發，願意把我們必須改變、必須停止破壞的信息帶給現代世界。」

「這些都千真萬確，」丹尼爾補充道。「我還想提件事，那就是我們會徒步走過的那個村子，有些非阿丘阿爾族的人妒羨我們要與阿丘阿爾人蓋一棟離他們村子頗遠的度假屋。他們希望它離他們更近點，蓋在在我們看來較不理想的地點上。如果他們不是很友善，別意外。」

第十九章　食人魚

為容納我們所有人、我們的行李、叢林行這幾天所需的物資，我們租了三架小飛機。離家前，維妮弗烈德堅持要我們父女分搭不同飛機。她不放心小飛機，要確保若有一架墜機，我們兩人不會同在那飛機上。丹尼爾據此將人分成三組：潔西卡和他搭第一架，我在第二架，胡安．加布里埃爾、琳、比爾在第三架。飛越廣袤的雨林時，我很興奮回到我所愛的這片土地。然後我開始胡思亂想，開始擔心事情不順利，擔心會有飛機墜機，擔心基奇瓦人會動粗，擔心會有獨木舟翻掉，會有人溺死。我始終擔心阿丘阿爾人的夥伴關係夢想會變成惡夢一場。

飛行約一小時後，我注意到叢林中有個缺口，林間一道狹長的泥土帶——我們要降落的簡便機場。機師盤旋時，我往下看到潔西卡、丹尼爾和他們那組人正在下機，大大鬆了口氣。他們安然降落！

我們降落，兩組人重聚，很興奮。潔西卡飛快抱住我。「這些森林好大，好廣闊，好美，」我們抱在一塊時她感動地說。

我們兩組人，連同四個阿丘阿爾族男子，卸下機上的行李物資。大家把設備集中，開始扣住上肩的背包，這時，有個機師急沖沖過來，似乎面帶憂心。

「我用無線電和第三架飛機的機師通過話。」他朝著遙遠的天際猛比手畫腳，那裡烏雲密布。「天氣不好，迫降了。」他朝額肩胸畫了十字。

「沒事吧？」丹尼爾問。

「我想是。他們在傳教會的簡便機場降落。」

我們的人圍攏在我們身邊，臉上帶著憂心。每個人都抬頭看機師指的那個地方；不祥的雲正向我們疾馳而來。

「比爾和琳有沒有事？」有人問。

「該不該回去找他們？」另一人說

「沒事。」丹尼爾說明了情況。「飛機因天候不佳迫降別的簡便機場是常有的事。」他擠出一絲笑容。「天氣放晴，他們就會和我們會合。」

我真希望有他那樣的信心。

他把阿丘阿爾族男子拉到一旁，低聲和他們商談。然後他回我們身邊。「我們出發去度假屋，天黑前就能搞定。」

他帶我們走小徑到附近的村子。我們疲累地走過茅草屋頂的民居，覺得像是進入人去屋空的鬼城。這個村子正是丹尼爾先前所提醒過，居民可能會因為我們未在離他們較近的地方蓋度假屋而氣惱的村子。沒人向我們打招呼。到處都看不到人。幾隻癩皮狗站在門口，呲牙咧嘴，向我們發出狺狺聲，此外看不到會動的東西。很古怪、很少見、令人不安。此前我從未在哪個原住民村子碰到這樣的情況。

汗水流下臉、手臂——我全身——而那不全是熱帶高溫逼出的汗。

「媽的，」丹尼爾咕噥道。「這裡的人沒搞清楚我們除了要保護正在蓋度假屋的阿丘阿爾人的叢林，也正致力於保護他們和他們的叢林。漫長的剝削史已使他們不相信外人。」我察覺到他覺得情況恐怕不對勁。

「似乎帶著敵意，」我回道。

他點頭。「他們正盯著我們，但我們看不見他們。」

最後，我們終於出了此村。循著叢林小徑，拖著疲累步伐又走了約十分鐘，我們來到帕斯塔薩河邊。這裡的河面比幾個月前我第一次看到此河的那處河面要寬，大約和足球場長度一樣，而且河水比以前急。那一次的往事，我舒阿爾族友人雅哈努亞受到的威脅，重現心頭。

我一個人走到一旁，獨自一人站著，望向滔滔的河水和來勢洶洶快要逼近我們上方的烏雲，想到雅哈努亞和比爾、琳那群人。河中央附近，一團糾結在一塊的樹枝載浮載沉而且打轉，像是沒頂之巨人纏結在一塊的頭髮。突然它消失於漩渦中，過幾秒它又出現，在下游十五公尺或更遠處。它被拋向空中，懸停片刻，然後直直落回滾滾河水。我在想雅哈努亞若看到這個會說什麼。她會把河水的洶湧視為凶兆？那一團樹枝象徵第三架飛機——或我們整群人——的下場？

烏雲、滾滾河水、壓得人喘不過氣的氣氛，讓我想起約瑟夫・康拉德（Joseph Conrad）的《黑暗之心》（*Heart of Darkness*）。康拉德筆下的庫爾茨（Kurtz），係在十九世紀剛果為某歐洲象牙公司服務的貿易站站長。我，一如他，把康拉德所譏刺為「文明」的東西，黑暗、殘酷、野蠻，帶到這裡？在庫爾茨眼中，「文明」一詞只是個幌子，用以名正言順支配具有英格蘭所覬覦之資源的人。我也正把人帶進來，而那些人來自對原住民施暴前科累累的一個國家。我正在做的會不會帶來更多傷害和苦難？我的挽救行動會使我——其他這些人，包括阿丘阿爾人和美國人——都墮入更黑暗的境地？

合。

「約翰！」丹尼爾叫我。他使勁揮手，要我到一艘大獨木舟附近，跟他、其他人會

我沿著河岸走，想甩掉腦海裡的悲觀想法，提醒自己我們來此是因為阿丘阿爾人邀我們來與他們結為夥伴。但我抹不掉庫爾茨這個孤單、絕望、被拋棄之人的身影，或者揮不去《現代啟示錄》（*Apocalypse Now*）裡馬龍．白蘭度臨死前講的話。這部片子改編自《黑暗之心》，但以越戰為故事背景，以美國欲支配越南一事為主題。他在片中飾演和庫爾茨一樣的角色，垂死時含糊不清地說「恐怖」，然後又說了一次「恐怖」。

來到丹尼爾身旁時，他站在獨木舟旁，其他人個個都已在獨木舟裡坐好，凝視著翻騰的河水，毫不掩飾心中的焦慮。

我爬進獨木舟，丹尼爾坐在船頭處，我的旁邊。他指著更下游處被拉上岸的另一艘獨木舟和站在它附近的幾個男子。「他們來自我們穿過的那個村子，」他說。

「有敵意的村子？」

「對，但他們那時不在村裡。他們剛打漁回來。我付錢請他們在比爾、琳那組人一降落時，就把他們帶過來。」

「你信得過他們？」

「有錢好辦事，即使在叢林亦然。」他起身，一手扶在我肩上以穩住身子，轉身面對其他人。「這也是帕斯塔薩河，」他吼著說，音量高過隆隆的水聲。「看起來大不相同，但和你們先前看到流過山區峽谷的那條河是同一條河。」我知道他想要讓他們安心。

「在阿戈揚築了大壩那條河？」有人問。

「對。」他笑了一下，在我旁邊坐下。

那句話迴蕩於我耳際：在阿戈揚築了大壩那條河。我已使那條河——還有我——陷入萬劫不復之境。我把自己關在內疚、靜默的籠子裡。

丹尼爾向獨木舟尾端的阿丘阿爾族男子示意。那人開始扯老舊尾掛發動機的啟動索，發不動。

所有人轉頭望向位於尾端的這個男子。

他更用力地扯，一扯再扯，啪嗒啪嗒響了幾下又熄掉。

另一個阿丘阿爾人過去幫忙。試了或許十二次，終於發動，聽來像是肺炎患者的喘氣聲。雪上加霜的是，馬力不夠強，無法把獨木舟帶離泥岸。

丹尼爾跳下水，推了獨木舟一把。船頭緩緩轉離河岸。他爬進船，我們駛進河中。

頂著強勁水流往上游走，一根巨大的樹幹凌空翻滾，差點打中我們。

「上游肯定有大暴風雨，」丹尼爾對著我耳朵大聲說。「這些人這趟很划算！」

恐怕是太划算，我想。繼續有樹幹逼近，險象環生。烏雲看來要下大雨，就像我前一次來碰到的那種大雨。

在翻騰的河水裡緩緩上行時，我腦海裡揮不去阿戈揚水壩、羅爾多斯墜機的電視畫面、淹沒我們北邊叢林的可怕黑油湖，或者白蘭度的聲音：「恐怖。」

然後，獨木舟急轉彎，駛過拱狀的大樹枝底下。情況丕變。河面變窄，河水平靜。我們已離開帕斯塔薩河。發動機變慢，所有聲響都變得較安靜。

丹尼爾站起來，轉身面對其他人。「卡帕瓦里河，」他說，面露雀躍之情。「可游泳的美麗河川。度假屋就快到了。」

「有食人魚？」有人問。

「有，」丹尼爾答。「但牠們無害，小魚不攻擊像我們這樣的大型動物。」

我握住他的手，把自己拉起身。要人揚棄令他們害怕且根深柢固的看法，眼前似乎是絕佳機會。「食人魚吃人之說並不屬實，根據我所讀到的資料，此說始於總統泰迪·羅斯福。有些巴西人封住一段河，讓一群食人魚在那裡好幾天沒東西吃。羅斯福來時，他們把他帶到河邊，把一頭牛或山羊推進河裡。飢餓的魚拚命搶食。後來羅斯福寫到亞馬遜河的凶殘食人魚。」

「你確定有此事？」有人問。

「你是說牠們不危險一事？千真萬確。」我停住片刻。「我聽說如果有一群食人魚在暴發洪水後被困在池子裡，沒東西吃，或許會如羅斯福所說的拚命搶食，但我未遇到哪個人親眼見過此事。」

「我和成千上萬條食人魚一起游過，」丹尼爾說，然後又加上一句，「在這裡，有樣東西，你們會發覺真的如大家所說的，那就是美麗的淡水粉紅豚。希望我們游泳時，會有牠們一起游。牠們很友善。」

沿岸樹枝往河面伸展，為行駛於樹枝下的我們遮住烏雲。引水人關掉發動機，任獨木舟漂蕩，以便我們聽到鳥鳴。

我後面的人開始熱烈交談。我轉頭，看到他們聚精會神看著一群喋喋不休的鸚鵡飛過頭上、白鷺在近岸處涉水而過。然後似乎每個人都指著某樣東西：岸邊的大樹、倒垂於河水上方、色彩鮮豔的赫蕉花、有時停落在我們獨木舟上的螢光藍閃蝶、附近樹上的一家子吼猴。

一度有一群光著身子的阿丘阿爾族小孩，快步走下在陡峭河堤上開鑿出的土階，靜靜看著我們，直到我們轉過一道彎，消失不見為止。

然後我們到了——卡帕瓦里河的U形河彎處，前次來時，丹尼爾就在這裡說服我同意幫阿丘阿爾人。太陽已下山，雲已消失，消失的速度就和來時的速度一樣快。一群阿丘阿爾族男子迎接我們，他們臉上畫了橘黑色象徵符號，上半身赤裸，只有脖子上掛了珠鍊，穿幾乎及踝的傳統裙子，頭戴黃紅羽冠。他們幫我們上到新蓋的碼頭上，引我們走木板人行道到一處孤零零的高台。高台用竿子撐起，蓋在河彎形成的湖面之上；高台上四面通風，覆以棕櫚葉屋頂。丹尼爾說這最後會成為度假屋的酒吧區，但眼下它會是我們的臨時住所——高架於河面上的人工島。

帶我們參觀過此區域後，他指出幾小時後就會天黑。他建議我們拿出帶來的蚊帳，在棕櫚葉屋頂下建立一個小聚落，讓第三組人抵達時就有個舒適的住所。

情況似乎好轉……但就在潔西卡和我快要搭好帳篷時，丹尼爾打斷我們。他把我拉到一旁，看來憂心忡忡。「聽說第三架飛機到了，」他說，「就在一個多小時前我帶大家了解環境時。照理他們應該早就到這裡了。」

「你覺得發生了什麼事？」

「不曉得，但走過那個村子時，我覺得不妙。」他停住片刻。「我要駕獨木舟回去，弄個清楚。」

「跟我們一道的阿丘阿爾族男子呢？」

「他們回他們的營地了，我會想辦法在途中接他們一起去。」

「我跟你去。」

「不，你留在這裡。別擔心。這些人如果問起，告訴他們，我擔心那裡沒有獨木舟，因此我駕我們的獨木舟去接比爾、琳和他們那組人。」他擠出一抹微笑。「其實情況可能就如我說的。」

但我知道他自己不相信；我們先前已在河岸見到另一艘獨木舟，以及他雇來載送我們人的基奇瓦族男子。

第二十章　被擄

厄瓜多（Ecuador）因位在赤道（equator）而得名，太陽於接近下午六點半時落下，全年如此。

快日落時，我不由自主緊張了起來。丹尼爾離開了，阿丘阿爾人離開了。我們沒有獨木舟，跑不掉。我不敢把心裡的煩惱告訴潔西卡或其他人。我能怎麼辦？我該等多久才把真相告訴其他人？真相為何？墜機？遭暴力對待？我只知道丹尼爾已離開將近一個半小時，而他在那的一個半小時前收到該飛機的消息。

我去潔西卡身邊，竭力裝得若無其事，要她找其他人幫忙拆開我們晚餐所需的東西。

「怎麼了，老爸？」她的語音透露焦慮。

「肯定沒事。」

她看了我一眼。「拜託，老爸，我很了解你。」
「沒事，沒事，別擔心，但絕不能嚇壞其他人。」
「我會盡力做到，」她說，未催我多加說明。
我知道她會盡力做到。她的配合鼓舞了我。我調頭沿木板人行道走向碼頭。途中我經過一間小工具房。門開著，房裡有支大砍刀靠牆擺著。我有武術黑帶已數年。眼前或許是施展身手的時候……我拿起大砍刀，繼續上路。
突然我聽到一個聲音。
發動機。我們那艘獨木舟的老舊尾掛發動機的噗哧噗哧聲，微弱但熟悉。心中湧現希望……我朝人行道另一頭走去，改用跑的，接著意識到我並不知道獨木舟上坐了什麼人，可能是要來殺我們的該村戰士。人行道轉彎處我放慢步伐，手上的大砍刀握得更緊。我停了下來。
昏暗中獨木舟船頭現身。獨木舟緩緩駛過河彎，看來模糊，很不真實。我單膝跪地，凝視著船上模糊的身影。
獨木舟離我更近，開始出現鬼魅般的人影。有個人影站在船頭，揮舞著東西。長矛？

我舉起大砍刀。

武器。站在船頭那人在揮武器。

「哈囉。」丹尼爾的聲音，絕不會錯。

我起身。他站在船頭揮舞、大喊。他身後是胡安．加布里埃爾、比爾、琳。我揮手。這時我看到更多人在他們身後，包括我們的人和幾個先前和我們一同搭獨木舟過來的阿丘阿爾人。我揮手。

獨木舟靠向碼頭時，我算了人數。他們全都在，而且又喊又笑。我丟下大砍刀，覺得如釋重負，跑到碼頭盡頭。

丹尼爾朝我拋來繩子；我幫忙將獨木舟拉到碼頭邊。

「我們要好好吃一頓，」胡安．加布里埃爾說。

「怎麼回事？」

「問他們。」丹尼爾站上木頭平台時指著其他人。

「我們被擄走，」有人說。

我盯著丹尼爾。「呃，算是吧。」他皺起眉頭。

我們走回潔西卡和其他人正等著的地方時，丹尼爾更詳細交待了此事，比爾和琳也幫忙補充了細節。據他們所述，我們頭兩組人通過該村子時，該村的首領在外打獵。第三架飛機降落時，他已回村，並且喝了不少齊恰。他堅持要他們所有人和他一起到公共會堂喝齊恰。他們想喝，卻無意喝太多，但因不敢推辭，結果喝了過量。如此過了約一個小時，他要他們在村裡過夜，手指著一間小屋。比爾說那間小屋「像破敗、不舒適的維修棚，琳和我一點都不想住進去。」

經過讓他們覺得彷彿漫無盡頭的幾小時後，丹尼爾到來。「氣炸了，」有人說。他向該村的人保證，這些人來此是為了幫他們——不只幫阿丘阿爾人，而且幫亞馬遜河地區各族。他說照理他們這時應該已被送去度假屋，而且他們已花錢請了幾個人做此事。接下來是一陣熱烈的討論。

最後，丹尼爾轉向大夥。「收拾東西，離開這裡，」他說，然後把他們帶到等著的獨木舟邊。他來此途中接的幾個阿丘阿爾族男子也在那裡。

這真是件怪事——此行所發生的諸多怪事之一。有人建議把它拍成電影。我卻比較悲觀。一抓到機會，我就把丹尼爾拉到一旁，表達我的憂心：每個人掛在嘴上的「擄人」之事，會壞了已在卡帕威那群人的興致。

「我認為那個村子的首領想把一切毀了。」

「那是他的目標？」我問。

「他那個人，說不準。他有一半基奇瓦人、一半舒阿爾人的血統，而這兩個族都是阿丘阿爾人的宿敵。大家開始理解到真正的敵人是石油公司，但還是擺脫不掉某些老作風。像他那樣的人，藉此取得權力。」

「這會賦予他權力？」

「他這麼認為。」

「怎麼做能讓我們的人心情好些？」

「別急，」他自信滿滿的說。「今晚會是很特別的一晚。」

吃完晚餐，他帶這群人回獨木舟。阿丘阿爾族引水人領舟上溯卡帕瓦里河。丹尼爾要他關掉發動機。獨木舟開始悄無聲息漂回度假屋時，丹尼爾站起來。「你會看到只有極少人有緣一睹的天文奇景，」他說。他指著一個方向。「南十字星。」然後他轉身一百八十度。「那裡，北斗七星。順著北斗七星末尾那兩顆星的方向，會看到北極星。只有在赤道能同時看到南十字星和北極星。」他接著指出別的星座，講述了與它們有關的某些古老傳說，包括來自古希臘羅馬神話的故事，以及來自阿丘阿爾族的故事。

夜裡，坐在獨木舟中，頂著滿天星斗，漂蕩在那條平靜的河川上，琳講述了逃離該村、看到獨木舟中丹尼爾所帶來的阿丘阿爾族男子那一刻，內心的激動。他們的臉孔，正是她在瓜地馬拉、迦納所見異象中出現在她眼前的那些臉孔，繪有橘、黑色圖案、頭戴黃紅羽冠的男子臉孔。她說，「那一刻我知道我得竭盡所能與他們締結夥伴關係。」

那一夜仰望星空，我牽著潔西卡的手，覺得我們已通過某種入會儀式。我絕對料不到，入會儀式結束還久得很。

第二十一章　邪物

隔天我們帶這群人徒步穿過森林，途中頻頻停下腳步，以便丹尼爾和一位阿丘阿爾族嚮導說明各種植物、樹的用途——有些供食用或藥用；有些用來製造工具、武器、獨木舟、飾物；還有些供建造民居和度假屋。

「叢林提供一切東西，」丹尼爾解釋道。「許多現代藥物來自雨林植物。箭毒馬錢子就是一例。亞馬遜河地區獵人把這種植物的汁液抹在吹箭的箭頭上。」

「毒箭！」有人驚呼。

「安全得很，」丹尼爾回應道。「這些人很聰明，不會把毒液注入他們打算拿來吃的動物裡。箭毒癱瘓猴子、鳥，讓牠們從樹上落下。它和其製劑用於醫院，作為現代麻醉手法一部分，已有百餘年。」

阿丘阿爾族嚮導把我們帶到小徑旁的一棵高樹，用大砍刀在其樹皮砍出一道小口子，隨之有貌似血的暗紅色液體滲出。

「Sangre de Drago（龍血），」丹尼爾解釋道。「絕佳的抗菌劑。」他掃視眾人，問「誰身上有傷口？」

有個女人站上前。「擦傷，」她說，伸出手臂。

丹尼爾拾起一根小枯枝，把小坨紅色液體抹在她的手指上，揉進她的傷口裡。非常神奇的是，它變成白色乳狀物。

「覺得好多了，」她大笑。「真神奇。」

「比雙氧水好，」丹尼爾說。「有沒有人被蚊子咬了？」

接下來幾分鐘，丹尼爾把龍血用在數人身上。他做此事時，有個男子憶起我在停機棚裡講到人與自然和諧相處的話。「這千真萬確呈現在我們眼前，」他說。「那時候，就幾天前，這說法讓人覺得奇特而有趣，簡直無法相信，現在，實實在在呈現眼前，讓人納悶我們怎能這麼貪婪、愚蠢，渾然不察自己會留給下一代的爛攤子。」

我們繼續上路，不到一小時，來到栽種了木薯灌叢的林間空地。「這表示接近阿丘阿爾族村子了，」丹尼爾說。「這是他們最重要的植物之一。基本食物，也是女人用來製作齊恰的東西。」

阿丘阿爾族嚮導對幫忙翻譯的丹尼爾說話。「你們是第一群來到這村子的外人。這個村子的人目前為止只看過兩個白人，即神父和我。沒見過白種女人。今天早上，有個傳信人通知他們我們要來；他們在等著我們，在他們眼中，我們是新奇有趣的東西。」

「我要跑到前面，」潔西卡告訴我。「我要拍下每個人走進去的情景。」我的十二歲女兒帶來當時人眼中先進的攝錄機。它有遠攝伸縮鏡頭從機身伸出。她舉起攝錄機，貼近她眼睛時，脖子上方可見到的，就只有裝了牙齒矯正器的嘴、鏡頭、飄動的淡褐色長髮，矯正器在陽光下閃閃發亮。

「好。」我說。「只是別跑太前面。」

她往叢林小徑另一頭奔去，轉個彎消失不見。

其他人繼續上路。沒人說話。每個人都把心思擺在身為來到此村的第一批外人、第一批外國女人一事所具有的深意上。

潔西卡突然又現身，往我們奔過來，掛在身側的攝錄機猛烈晃動，淚流滿面。

丹尼爾和我跑上前。丹尼爾先到，跑下來抱住她。「怎麼了？」他問。「受傷了嗎？」

「他們叫我 evil（邪物），」她啜泣道。「他們為什麼叫我 evil？」

我瞥了一眼丹尼爾。他聳聳肩。「阿丘阿爾人不會講英語，」他說。「村子裡有誰？誰叫妳 evil？」

大家開始圍攏過來，evil 一詞叫人摸不著頭腦。

潔西卡努力平復正常呼吸。「小孩子，」她終於說。「他們看到我，就喊 evil，然後跑開，跑進森林。」

這時，每個人都已趕上來。我瞥了一眼他們緊張的神情。情況不妙。如果「擄人」未打掉締結夥伴關係的可能，這件事肯定會。

然後我聽到丹尼爾出聲。他在暗笑。

我看著他。

「沒事，」他說，凝望著潔西卡滿是淚水的眼睛。「妳聽到的是這個詞，但他們說的不是這個詞。」他打量了站在周邊的眾人，再度發出令人安心的笑聲。「那些孩子說的是 Evias（埃維亞人），神話中的人物。」然後對我說，「你來解釋，約翰。舒阿爾人也有同樣的神話。」

對啊！我怎麼沒想到這個？

我起身，扶潔西卡起來。幾個女人抱住潔西卡。我扼要說明了巨大白食人族的傳說。他們從森林深處出來吃舒阿爾人、阿丘阿爾人和他們的小孩。「以後我會更詳細說明，」我保證。「這是現今特別讓人感興趣的傳說，因為有些正在反抗石油公司侵犯的舒阿爾人、阿丘阿爾人，說這些公司是埃維亞人的當今化身。」我轉向潔西卡。「先前進村子時，妳有在拍嗎？」

「有，」她答，用已遞給她的手帕抹去眼淚。「我很興奮，看到一群小孩，隨即朝他們跑去，把攝錄機對準他們。我想要拍下你們進來之前他們玩耍的模樣，放給他們看，然後在你們進來時，拍下他們的反應。」

「這就對了，」我說。「那些小孩看到妳拿著攝錄機時，覺得妳像是只有一隻巨眼。那時妳大概在微笑，牙齒矯正器在陽光下閃閃發亮。妳跑向他們，他們認定妳是埃維亞人，於是喊出被妳聽成是 evil 的那個詞，跑進樹林躲起來。」

「這告訴我們一件事，」丹尼爾說。「我們有所疏忽，忘了事先告訴大家，未徵求阿丘阿爾人許可，絕不可貿然拍照。我的錯。除非他們同意，請不要再拍照。」後來潔西卡告訴我，這次經驗讓她對外人的存在會如何影響村子，以及進入這類村子之前得先了解這點，有了新的認識。這讓她深刻體認到何謂入境問俗，在我看來，也說明了我們美國人所視為天經地義的那種權利。

我們進村子時，阿丘阿爾族大人已說服他們的小孩走出藏身處。大部分男子認識丹尼爾，而且幫他蓋了度假屋。女人則較不放心；但我們的阿丘阿爾族嚮導、丹尼爾和眾男人談了半小時後，女人端了齊恰給我們喝，而且遵照她們的習俗，向我們一個個奉茶。

丹尼爾解釋道，對阿丘阿爾人來說，齊恰不只是飲料，還是全村人聚在一塊時共享的東西。奉上齊恰，象徵友善和信任。

潔西卡向孩童展示她的攝錄機，透過比手畫腳竭力說明它的運作方式。然後，孩童在村中央的空地踢丹尼爾送給他們的小球時，邀她一起玩。孩童咯咯笑聲、喊叫聲、大笑聲，讓人想起人的共通之處。

我們準備回卡帕威時，一群阿丘阿爾族女人站在我們面前，唱了數首讓人難忘的動人歌曲。共享齊恰、阿丘阿爾族孩童從原本的害怕轉為放心接納外人、以及此時女人的歌聲，似乎表明背景大異其趣的兩個群體，短時間就在溝通上有了突破。就與阿丘阿爾人締結夥伴關係來說，這似乎是個好兆頭，對世界來說，或許也代表了希望。

那天晚上，回到度假屋，我解釋道，舒阿爾族、阿丘阿爾族長者在夜裡人們準備就寢時，以及清晨人們籌畫一天的工作時，向孩童講述他們的所有神話和口述歷史，埃維亞人的傳說當然亦在其中。

「這個傳說是教學工具，」我補充道，「用來助孩童認識人生。你們聽到這傳說時，想想它給了孩童什麼啟示。它教他們正視令他們害怕的事物，要他們獨力做此事。做了，就有信心和力量，而且給了他們克服害怕、向前走的力量。」

我照某舒阿爾族長者所述，講了這個傳說。

第二十二章——薩滿僧的故事

舒阿爾族長者暨薩滿僧春比（Chumbi）講了一個故事：

埃維亞人是巨大的白食人族，住在森林深處。我們，人類，從不靠近他們居住的地方。因為，就任何人記憶所及，他們都安於自己的天地，從不打擾我們。我們是快樂、愛好和平的人。

然後，有天夜裡，他們進我們村，抓住我們的女人小孩，當著我們男人的面吃掉。男人當然拿起長矛，奮勇戰鬥。但每次，刺中埃維亞人，武器就斷掉。他們無技可施。然後埃維亞人殺死我們的男人吃掉。我們的人唯一能做的，就是逃進森林躲起來。

此事開始頻頻發生。除了殺掉我們，巨大的埃維亞人踐踏土地，砍我們的樹取柴，把我們的河川當馬桶。我們很害怕，無力抵抗。

有天，有艘獨木舟載三個戰士順流而下。帶頭者身形高大，非常健壯，似乎具有特殊力量。他叫艾察（Etssa），說他前來把我們從埃維亞人手中救出。

我們很困惑。我們的戰士全都辦不到的事，這個人要怎麼辦到？

隔天，艾察消失於森林裡。他留下他的兩個手下，說，「我得獨力完成此事，不能帶我的人去。」我們都認為他這一去絕對回不來。

幾天過去，艾察無影無蹤。每天早上醒來，我們都認為埃維亞人會來犯。

然後，天大的奇蹟發生，艾察從森林現身。

「我非常仔細觀察過埃維亞人，」他說。「我有個計畫。」他環視我們眾人。「但你們得有所犧牲。」

「我們什麼事都幹，」我們的人一致說道。

「埃維亞人說，如果你們的女人供應大量的齊恰和水果、蔬菜、堅果給他們，你們的男人把獵得的上等貘肉、野豬肉、鳥肉、猴肉給他們，他們會饒你們一命。」

我們知道我們和小孩會挨餓，但別無選擇，只好同意。

這辦法奏效。埃維亞人信守諾言，不再攻擊我們。

但久而久之，我們的人開始受苦——苦不堪言。食物根本不夠同時供給埃維亞人和我們。我們快餓死。

「要一舉除掉埃維亞人，我可以指點一個辦法，」艾察說。「但你們得有所回報。」

「好，當然，」我們說。「你要我們怎麼回報都可以。」

他問我們是否注意到在埃維亞人來之前我們的人口已變得非常多，動物和鳥開始變稀少，森林愈來愈小。

我們議論一番，覺得的確是如此。

「對動物、鳥、植物、樹來說，你們是掠食者，」艾察說。「你們之於它們，就如同埃維亞人之於你們。」

我們不得不承認他說得對。

「你們得改，需要施行我會教你們的生育控制法，壓低人口，照護你們周邊的所有生物。做不到這點，你們就必須像你們的女人處置菜園那樣處置自己，必須汰除你們人口中的部分人，甚至像女人替木薯園除雜草那樣。」

我們問他這話什麼意思。

「如果不維持人口平衡，你們必然交相戰，一氏族對抗另一氏族。」

這要求似乎不難做到，我們確信自己能控制生育，不必相殘，於是同意這要求。「很好。」他教我們如何在獻給埃維亞人的齊恰和食物裡下毒，如何設陷阱捕捉他們。「用你們的武器絕對殺不了他們，必須神不知鬼不覺、狡詐、使計。」他教我們的計謀奏效。不久我們就擺脫埃維亞人。那之後，艾察離開。他升天，成為太陽。如今，我們仍稱太陽為「艾察」。

但久而久之我們未能抑制人口成長，我們不得不與其他氏族大動干戈，原因在此。

對阿丘阿爾人來說，這則傳說既是精采的故事，也是教人發掘自我的一門課。講完這故事，春比總是環視在場聽眾（通常以舒阿爾族孩童居多）。他會說，「你們必須自問什麼是你們人生中的埃維亞人，什麼讓你們害怕？你正在做什麼傷害植物、動物和其他人的事？必須做什麼才能改變這個？要知道你們每個人都有自己的埃維亞人，你們每個人都是艾察。要知道有時你們必須深入自己內心以面對你們的埃維亞人。你們必須獨力完成此事，沒人幫得上忙。只有完成此事，你們才不至於和自己爭戰。」

第二十三章 報應

隔天早上，我們一群人共進早餐。大家談到工業化世界正造成的破壞，談到我們和我們的企業——一如埃維亞人——踐踏大地，砍伐森林，汙染河川，貪婪吞下視力所及的每樣東西。有人指出，如果我們繼續這麼搞，總有一天，戰爭、疫病或其他天災人禍必會滅掉我們。這則原住民傳說被視為是針對日益惡化的全球危機發出的訓誡。

我提到有些阿丘阿爾人、舒阿爾人相信，身在現代世界的我們和我們的石油公司是埃維亞人的當今化身。有幾個人想知道這話的意思。

「傳教士不看重原住民的故事，」我答。「艾察在他們眼中褻瀆神聖。有些較老一輩的舒阿爾族男人告訴我，他們和女人一度施行類似密教作法的節育法，女人也用幾種植物來避孕或墮胎。然後傳教士來。教會禁止所有人節育，只對禁欲網開一面。而那是阿丘阿爾人和舒阿爾人都不願做的事。此外，傳教士和政府都譴責戰爭。我們認為這是好事，但這也有負作用。人口劇增。動物（叢林環境裡主要的蛋白質來源）逐漸消失。整個亞馬遜河地區，原住民男女不得不出賣勞力給石油、營造公司以養家活口。有人說艾察很生氣，因為他們未信守諾言。於是，埃維亞人回來。」

「與阿丘阿爾人相比，我們是巨人，」有人說道。「白巨人。」

「石油井架、推土機、其他龐然的機器摧殘大地，」另一人說。

對我們這群人來說，這是又一個改變主觀看法的時刻。他們大部分人受學校教育的灌輸，原以為我們的文化在亞馬遜河地區之類的地方受到尊敬。如今，在早餐尾聲，大家熱烈討論以下說法：原住民把我們視為前來剝削阿丘阿爾人和其鄰族的巨大白食人族。

早餐後，我們搭獨木舟到薩滿僧泰錫的家。丹尼爾、埃胡德、胡安·加布里埃爾和我先前登門拜訪過泰錫，我們在他家喝了阿亞瓦斯卡，我在幻境中神遊了歷史。那時，丹尼爾向我保證，泰錫和攻擊他的那個村子已締約言和，沒什麼好怕。

泰錫張開雙臂歡迎丹尼爾、胡安·加布里埃爾和我，透過年輕通譯，向每個人致意。後來我們之中有幾個人論道，他長得像凶猛的戰士，但在我看來，他的外貌和態度比一年前溫和。

我們在他大房子的棕櫚葉屋頂底下搭好防蚊帳，不久太陽就落下。我們坐在木凳上，圍著泰錫坐成一圈。他再度歡迎我們，拿出阿亞瓦斯卡請我們喝。當時，在亞馬遜河地區之外，阿亞瓦斯卡這東西仍幾乎是無人知曉。只有琳、比爾、另一個成員決定一試，但有幾個謝絕此招待的人請求泰錫治病，如願以償。即使對未喝阿亞瓦斯卡的人來說，這都是感受良深的一夜。

薩滿僧悅耳的吟唱、叢林的聲音、木頭燃燒的煙味夾雜夜裡綻放的花香，還有丹尼爾稱之為「植物之靈」的東西，讓我們所有人見識到這個地方的神奇。自從琳和我開始規畫此行，我心中的緊張和焦慮有增無減，但此時，隨著夜色益深，它們消弭於無形。多日來我首度覺得舒坦。

隔天早上，丹尼爾、胡安·加布里埃爾、我在泰錫家裡見了這個薩滿僧和三個阿丘阿爾族戰士。前次來此，丹尼爾帶了基本必需品當禮物送給泰錫；我們前去打擾、喝阿亞瓦斯卡，都未付錢。丹尼爾解釋道，這一次我們想付給他現金，也想為日後來訪的外人立下先例。卡帕威旅舍一蓋好，就會有外人前來。他問，三個人喝了阿亞瓦斯卡，每個人該為此給多少錢。

泰錫與其同伴商量，最後說，「一千元。」

我驚得說不出話，看了丹尼爾，然後看了胡安．加布里埃爾。「我不可能要我們的人付這樣的天價。」

「我們未在儀式前談好價錢真是失策，」胡安．加布里埃爾說。這讓我再度想起連對這類事有所體察的人都持有的文化偏見。

我們三人與泰錫長談了一番。他轉向諸位戰士。他們向我們投來的表情使我膽戰心驚。其中一人拿起長矛，刺進屋裡的土質地板。泰錫怒目看著我們。「一千元，」他又講了一遍。

我憶起幾個月前丹尼爾的話：「你們得同意他們的要求，這些獨木舟是他們的。」我也憶起另一個村子的「擄人」事件。此刻，我們一夥人似乎全被扣為人質。除了低頭，還有別的路可走？這肯定會使夥伴關係的締結化為泡影。

我們集攏大夥，坐在木凳上圍成一圈。我們解釋情況時，他們露出震驚、憤怒、害怕的表情。

「肯定哪裡搞錯了，」有人終於咕噥道。

丹尼爾猛然起身。「這就對了！」他示意胡安．加布里埃爾和我。「來，再去見見薩滿僧。」

丹尼爾未再說話，轉身帶著我們快步去見一直坐在自己屋裡的泰錫。與先前不同的，他大腿上擺著一根長矛，更多男子聚集在他身邊。

我們三人坐在面朝薩滿僧擺放的長椅上。

丹尼爾要我拿出十元美鈔。

我從口袋拿出一張十元美鈔給他，手在發抖。

他從他的背包抽出一疊紙鈔，計算了一下，然後把這疊紙鈔和我的十元美鈔遞向泰錫，問「你要哪個？」

泰錫算了算那疊紙鈔，嘴咧得老大，笑了起來。他揮了揮那疊紙鈔。「這就是了，」他說。「三個人喝了阿亞瓦斯卡，就要這麼多錢。」

丹尼爾轉向胡安．加布里埃爾和我。「他想的是蘇克雷」，即厄瓜多幣。他咧嘴而笑。「他不是要一千美元，而是要價值不到五美元的一千蘇克雷。」

我們三人開始大笑。

泰錫一臉困惑，惱火，問什麼事讓我們覺得那麼好笑。

丹尼爾向他解釋。泰錫用力拍了一邊膝蓋。他和他的人瞬間大笑數聲。接下來我們所有人都為緊張情勢的化解笑彎了腰。

「那些蘇克雷還不夠，」丹尼爾在我們平復心情後說。「你把阿亞瓦斯卡和你家房子拿出來給我們用。我們要付更多的錢，要立下一個好的先例。」

泰錫思考此事，然後用阿丘阿爾語低聲和其他人商量。「我們信任你，」他終於說。「該多少就多少。」

我想要擁抱他，但終究只是用阿丘阿爾語說了謝謝：「Makate。」

我們回去和我們的人會合，他們正忙收折、打包防蚊帳和行李。他們顯然盡量不去想談判的事，一看到我們就停下手邊的事，集攏過來。

「問題全出在主觀認知，」我說。「還有文化誤解。」

丹尼爾解釋了原委。

緊繃化解後的笑聲迴蕩在泰錫家裡。

我們最後談定的價錢，和在美國接受按摩治療的費用相當。就阿丘阿爾人的標準來看，這不是小數目，但我們大夥一致認為至少該付那價錢；我們想要促使他們將我們視為慷慨大方，並使他們理解到儘管傳教士否定薩滿教，在我們的社會裡有許多人極看重薩滿僧的工作。

離開泰錫家時，我們一個接一個為自己享有的神奇經驗和他的款待表達了感謝。

他、他身邊的戰士、他全家人笑得很燦爛。我們每個人都有了可以講給孫子聽的故事。

一場本有可能釀成大災的情勢，轉變為加深彼此情誼的經歷。一群外國男女和一個未進入青春期的女孩，在阿丘阿爾族薩滿僧的家裡過了一夜，史上頭一遭。

「心態，」我們走進森林時，琳提醒我。「就此事來說，就是關於錢的主觀看法。就羅貝托．波斯來說，則是他對我們之意圖的主觀看法和他認定美國人不可靠的心態。他看到來自厄瓜多的神聖器物時，他對我們和我們之動機的主觀看法隨之改變。類似的事在這裡發生。」

在我看來，還有一個心得，即勿對其他人、其他文化的價值觀和心態作出臆斷。

第七部

創造生命經濟（一九九三～二〇一七年）

「生命經濟」清除汙染，讓受重創的環境重生，回收舊物再利用，發展出有益於人與自然的新科技。投資人把錢投入本身就是可再生之資源的經濟且由此產生的收益歸於投資人，這樣的商業模式是成功的商業模式。

第二十四章 共聚一堂

儘管和舒阿爾人相處過數年，儘管先前來拜訪過阿丘阿爾人，這趟走訪泰錫和其族人，還是給了我深刻的新認識。我的同胞受到被世上大部分人視為「原始落後」的人衝擊一事，突顯了偏見在塑造現實日常生活上所具有的重要作用。

這次待在雨林的時間相對較短，只有五天四夜，但在這期間，我們這群人理解到，阿丘阿爾人與金錢的關係、把自己當成自然界不可或缺之一部分的生活方式、對後代福祉的長遠關照、以個人和植物、動物、河川、大地的相關連性為最大特點的心靈，使他們的世界觀大不同於我們之類文化所提出的世界觀。我們的教育要我們把自然視為客體，認為自然與我們判然兩分，我們的宗教把人提升到特殊位置，但他們的宗教告訴人，人只是千絲萬縷的宇宙裡的一條絲線。

這段經歷衝擊了我們群體裡的每個人，並讓我更加堅決要促成以下的預言成真：鵰族與大禿鷲族聯手，就身為地球上最優勢物種一員所代表的意義，打造出新的自覺。這段經歷對琳衝擊甚大；後來她在其著作《金錢的靈魂》裡寫道：

在阿丘阿爾人領地上，我們遇見阿丘阿爾族的領導人，從而徹底改變了我的人生。在這處豐饒、美不勝收且生機勃勃的雨林裡，住著臉上畫了圖案、頭上戴著黃紅羽冠的人，而那正是我在夢中見過的人。他們看來像是來自另一個時代，但他們行事之老練、進化程度之高，和進化程度最高的我們相比毫不遜色。[1]

在這五天四夜期間，我們不斷見識到那份老練。透過與許多阿丘阿爾人的交談，我們得知，他們認為他們在世界一隅所遭遇的問題，正象徵他們所認定，除非我們人類改弦更張，必會在每個地方發生的問題。他們邀我們去他們的土地，進他們的家，以協助每個地方的人理解有必要改變我們與自然界的關係。他們強調，他們的雨林的存亡攸關諸多全球體系的存亡。他們說，世界的未來取決於人類態度的改變，而這一改變又取決於對人類——對身為生活在地球這個脆弱空間站裡的人所代表的意義——有新的夢想。

我們一夥人都驚愕於這麼晚才和外界接觸的人竟有如此深邃的智慧和認識。我們之中大部分人原以為外部世界，他們的世界，我們的世界，有全部答案；他們離開時，這一看法已被推翻。

「真的就像森林對阿丘阿爾人說話，然後他們轉達給我們，」在某次夜聚期間琳如此說。

阿丘阿爾人對我們提出了雙重要求。第一個是要我們協助他們面對他們所害怕的事物，助他們了解現代文化的作法，以便作好準備應對那些文化和來自石油公司日漸加劇的威脅。第二個是要我們面對自己害怕的事物，揚棄把我們與所有非人的萬物判然兩分的信念，了解與自然和諧共處的重要，保護所有物種的後代，傳播會讓世界各地的人願意跟著做的信息。

「我們在異象中看到，來到這裡的你們和埃維亞人截然相反，」有個老者告訴我們。「你們就像艾察的現代化身。你們來此教我們抵禦埃維亞人。他們來自你們的國度，但你們和他們不一樣。」

我們一夥人個個被這個信息，被傳達此信息之人的熱情和流利口才，深深打動。此外，他們也看到務實面。這些阿丘阿爾人是擁有豐富口述傳統且精采表達自己感受、想法的說故事者，也是與大地密切相連、了解通力合作之重要的狩獵採集者。通力合作是打造更大之整體不可或缺的一部分，令整個群體受益。

這一務實精神已在一九九一年催出生厄瓜多阿丘阿爾族省際組織（Organizacion Interprovincial de la Nacionalidad Achuar del Ecuador，簡稱ＯＩＮＡＥ）。它類似在厄瓜多法律下享有法定地位的舒阿爾族、基奇瓦族聯盟，但未符合政府的所有要求。阿丘阿爾人正往這方向努力。

為此，該組織新當選的官員必須在普尤（Puyo）鎮設辦事處。普尤位於殼牌簡便機場附近，是來自整個厄瓜多亞馬遜河地區之住民的開會地。我們獲告知，該辦事處非常簡陋。阿丘阿爾人要想辦法購買設備、繳租金、為管理該辦事處的三個領導人提供房間和食物。

我們搭機飛離阿丘阿爾人領地那天，巴士在殼牌簡便機場接我們到普尤。靠叢林傳信人、短波電台、專飛偏遠地區的小飛機機師聯手傳遞消息，該辦事處已知道我們要登門拜訪。那三名阿丘阿爾族領導人在辦事處門口迎接我們，但他們和他們的辦事處都和我們所預想的大相逕庭。

第二十五章——獻身的決心

普尤鎮這三人，看來較像企業高階主管，而非我們所習於看到的阿丘阿爾人。看不到彩繪的臉、及踝傳統長裙、羽冠，反倒穿著僵挺有領的白襯衫、熨平的長褲、正式的黑皮鞋。

他們與我們握手，邀我們進破舊的木屋。我們擠進狹窄的空間，隨即感受到這間辦公室和他們在叢林的住家，差異何其之大。房間沒有窗子，室內不通風，散發霉味。家具少得可憐，只有一張會搖晃的桌子、四張不牢靠的木椅、一台破舊的老式打字機。

其中一人為椅子不夠向我們致歉後，得意的指著打字機。「我們買來的第一件大東西，」他說。「希望接下來能入手一台電話機。」

「但令人遺憾的，」另一人補充道，「即使買得起電話機，我們仍得花錢拉線到這裡。」他難過的搖了搖頭。「眼下，」他指著敞開的門，門口處站著幾個我們的人，

「我們得去那條路另一頭的店鋪，花錢用他們的電話。」

居中翻譯的丹尼爾告訴他們，我們很榮幸在他們的辦公室和他們會晤。他扼要說明了我們在卡帕威的經歷，說我們來此是為了提供援助。

第一個男子再度講了些話後，丹尼爾解釋道，「他是這個新阿丘阿爾人組織的會長，他想要你們知道，他們已聽過『夢想改變』如何幫助舒阿爾人，知道這群人想援助阿丘阿爾人。他為此感謝你們。他重述了過去幾天已有人說過，那番要人與自然和諧相處的部分話語。他很感謝你們過來，感謝獻身於協助阿丘阿爾人，協助改變你們人的夢想。他和另兩位領導人願意回答你們的任何提問。」丹尼爾環視眾人。「有人要提問嗎？」

「住在普尤，而非雨林，你們覺得如何？」有個女人問。

那三人彼此瞄了一眼。「我們想念家人，」其中一人答。

「還有雨林，」另一人說。「但如果要保住族群、文化體、民族的身分，我們必須這麼做。」

接下來幾個小時，他們針對接下來幾星期、幾個月、幾年他們需要完成的事，向我們說明了詳細計畫。他們已擬好清單、表格、自族領地的手繪地圖。

聽這些人講話，看著我們一夥人的表情，我的心激動得像似要爆開。阿丘阿爾人

——歡迎我們進入他們家而且此時已擬出這個複雜計畫的叢林居民——就是我在和平工作團當志工時被上尉艾斯皮諾沙當成「殺手」而感到害怕的那個族。眼前三人所代表的族，一年多前攻擊過我和雅哈努亞一起搭的飛機，也曾欲暗殺泰錫。似乎已有簡直想像不到的事，神奇的事，發生。相隔短短時日，阿丘阿爾人已懂得彼此如何打交道，懂得如何與大不同於他們的文化——我們的文化和原是他們敵人之鄰族的文化——打交道，這時決意打造同盟以保護他們的土地、他們的文化價值觀、全世界。我很驚訝竟會有這樣的轉變；但從我以和平工作團志工的身分來到這些地方，才過了二十年。我自問，如果他們能做到這樣的轉變，我們所有人怎無法做出會讓人類得以在永續世界裡存活並如魚得水的改變？

我們告別時，一群此前從未去過雨林的人，帶著疑慮與不安前來的人，顯然已被徹底打動。走離那間寒傖的辦公室，我生起感激之心，感到快意。儘管有這麼多曲折和潛在的困難，幾年前在阿丘阿爾人會堂待的那幾個長夜期間他們所要求的夥伴關係，似已開始成真。

我們的巴士調頭，往帕斯塔薩河谷上游走，載我們前往離開叢林後的第一個過夜地點。在巴紐斯（Baños）鎮，有熱水淋浴、沖水馬桶、西式飯店等著我們，還有在當地義大利餐廳的晚餐。我能看出這些人既開心於他們的雨林冒險，也心喜於即將回到他們較熟悉的世界——舊的舒適、特權模式難以打破的另一個表徵。

我與潔西卡一起坐在巴士前頭。我一度起身，看了我們的夥伴。他們髒兮兮、泥土上身、疲累不堪，但都在興奮談笑。

「你很開心，」潔西卡說。「與阿丘阿爾人相處了幾天，這些人似乎已準備好促成改變。」

我把我的夢想告訴她：從這次聚會會生出與阿丘阿爾人可行且長久的夥伴關係。我不知道我們已植下一顆種籽，該種籽最終會紮根，擴及整個地球。

隔天是我們在一起的最後一天，然後我們會搭車到基多，分道揚鑣，搭機回各自的家。那天早上，吃早餐期間，我的這個夢想往成真之路又跨出一步。寫了幾本書且創辦了啟發性、激勵性計畫的戴夫·埃利斯發起募款。喝完最後一壺咖啡且即將上車時，這群人已承諾出資十二萬美元，用以「打造會拯救雨林並改變現代世界之夢想的夥伴關係」（戴夫語）。

然後，突然，讓人意想不到的，另一股感覺襲上心頭，藏在我心窩裡的焦慮不安。走上巴士時出現這感覺，似乎很奇怪。更奇怪的是，巴士從巴紐斯往基多愈行愈遠，我愈是焦慮不安。為什麼？我怎麼了？

潔西卡投來驚訝的表情。「怎麼了，老爸？你似乎很緊張。」

「我也不清楚。」她的提問逼使我具體說明自己的心情。「有點消沉，我猜。煩心。」

「煩心什麼……？」

我想了一會兒。「呃，每個人都很興奮，認捐了這筆錢。」我停住，強迫自己想。然後我想起來。「但誰要去實現這份夥伴關係？『夢想改變』和舒阿爾人的事已叫我忙不過來。這巴士上的人，全都會回歸他們的正常生活。這事落在我身上。接下來該怎麼辦？」

潔西卡投來同情的眼神，然後露出喜色。「問他們。」她指向巴士後頭。「有人會給你答案。」

我望著她，難以相信她才十二歲。她的樂觀感染了我。「好，謝謝。」我起來，請司機打開麥克風。「嗨，各位，」我說，欲把他們從交談中吸引過來。「哇，很棒的一次行程！很了不起的一群人！」

他們瞬間歡呼叫好。

「覺得受到鼓舞？」

更多歡呼。

「我也是。但……」我的目光巡過一個又一個人。「我也煩心。我們已向阿丘阿爾人許下承諾。你們承諾捐錢，承諾締結夥伴關係，擬出計畫助他們完成他們所粗略提到的事。令人激賞。」我停住一會。「但，誠如我先前已說過的，舒阿爾人的事已叫我忙不過來。」我和每個人四目相接。「誰要來收這筆錢，負責成立夥伴關係，推動此事？」

一片死寂。

我再度掃視眾人，目光落在每個人身上。他們看著別人、看窗外、看任何地方，就是不看我。我低頭看著潔西卡。她甜甜微笑，向我豎起拇指。靜默似乎無休無止。

最後，比爾・推斯特的目光與我的目光對上。他起身，拿起麥克風。「我來，」他說。「但只限頭三個月。」

結果，三個月變成一輩子。比爾在某個經營非常成功的金融服務公司當執行長，由於此行，比爾最終辭去該工作。他、琳、一群友人和我創立了符合501(c)(3)條款的非營利組織，即帕恰馬馬同盟（Pachamama Alliance）。帕恰馬馬為基丘亞語，意為「大地、宇宙、所有時空之母。」比爾成為此組織的董事長，然後出任其執行董事。接下來幾年，他會搞定舊金山、基多兩地辦事處職員的聘雇，建立遍達八十餘國的志工網。琳會負責募款，以為許多專案提供資金。這些專案支援阿丘阿爾人等原住民族，發展激勵性計畫，以在各大洲的諸多國家裡改變現代世界貽害甚大的夢想。

帕恰馬馬同盟的計畫，從一開始就深受雨林住民的以下哲學影響：客觀現實由主觀看法塑造成。對他們來說，「夢」不只是睡覺時發生的事，還包括我們的生活被我們心態決定的方式和那些心態對我們的價值觀、意圖、行動的衝擊。帕恰馬馬同盟計畫的重心，是將把人與自然判然兩分、過度消費的文化，轉變為尊重且支持生命的文化，這個文化要「讓亞馬遜河雨林原住民有力量保住自己的土地和文化，利用從該工作獲得的見解，教育、鼓勵各地的人打造欣欣向榮、公義且永續的世界」（帕恰馬馬同盟的宗旨）。為此，必須培訓出催生員，讓他們帶團到阿丘阿爾人領地——和其他許多原住民村——以便團員在那裡了解如何促進個人轉變、全球轉變。

後來大家會看出，我們所有人——來自亞馬遜河地區和工業化世界的人——正合力打造會有益於地球萬物之未來的社會－治理－經濟體制。結果就是打造出「生命經濟」。「生命經濟」清除汙染，使受重創的環境重生，回收舊物再利用，發展出有益於人與自然的新科技。投資人把錢投入本身就是可再生之資源的經濟，且由此產生的收益歸於投資人，這樣的商業模式是成功的商業模式。

多年後，我問比爾當年在那輛巴士上為何會拿起麥克風，他說因為他有商業、金融背景，他自忖相關的工作由他來做會較容易。「此外，」他說，「沒人願意攬下這重任，而讓這股勢頭維持不墜很重要。」他停頓片刻，露出微笑。「其實，如果當初別人自告奮勇接下，我會很失望。與阿丘阿爾人相處，對我衝擊甚大。他們領地的美麗與豐饒，深深打動了我。阿丘阿爾族男子的沉穩與堅忍，令人嘆服，尤其是充當我們的嚮導、把他的森林知識分享給我們的那位勇猛的戰士暨身手不凡的獵人。沃爾特（傳教士替此人取的名字）無所不知，能預見到我們這夥人每個人的需要和習性。我覺得很有意思，不由得想像呈現在他眼前的世界。他怎有辦法和我們，與他大不相同的人，打成一片？什麼使他得以如此了解我們？接下為大夥統籌此事的責任，我想要繼續參與，就容易得多，從而很可能使我得以回厄瓜多——我很想做的事。」

阿丘阿爾人、舒阿爾人、薩帕拉人（Sapara）、基奇瓦人、席維阿爾人（Shiwiar）和厄瓜多的其他原住民改變彼此關係一事，對帕恰馬馬同盟所發生的事，同樣意義重大。長年宿敵攜手同心。他們拋卻恐懼，觸摸數百年來擋在他們路上的一隻又大又凶猛的美洲豹。世界各地有許多人致力於透過能滿足自己群體、全人類、自然界之需要的新思惟、新行動來促成正面改變，而這些原住民以身作則，親身實踐，成為這類人的典型代表。

阿丘阿爾人繼續為取得和舒阿爾人聯盟、基奇瓦人聯盟一樣的法定地位而努力，我們到訪後不到四年，他們如願以償；名稱最終由厄瓜多阿丘阿爾族省際組織（OINAE）縮短為厄瓜多阿丘阿爾族（Nacionalidad Achuar del Ecuador，NAE）。

厄瓜多阿丘阿爾族加入厄瓜多亞馬遜河地區原住民族聯盟（Confederación de Nacionalidades Indígenas de la Amazonia Ecuatoriana），此聯盟包含許多亞馬遜河地區的原住民族，是構成厄瓜多原住民族聯盟（Confederación de Nacionalidades Indígenas del Ecuador）的三大組織之一。厄瓜多原住民族聯盟則是代表厄瓜多地區（亞馬遜河地區、安地斯山區、沿海地區）之原住民族的有力聯盟。這些聯盟在影響厄瓜多的原住民族政策、原住民族間政策上極為成功，如今是全球各地原住民組織的典範。帕恰馬馬同盟透過捐贈金錢、設備、必需品，透過提供法律、經營建議，支持它們和他們的運動。

從一開始我就任職於帕恰馬馬同盟董事會（從一九九〇年代晚期至二〇〇一年），但我繼續把大部分心力擺在「夢想改變」和舒阿爾人上。當我性命垂危，被急送至紐約市醫院時，我的人生變了個樣……。

第二十六章　中毒

二〇〇一年，我已不再受雇於史東與韋伯斯特工程公司，頻頻想著當年接到那些威脅電話時不得不停筆的那本書。此事縈繞腦海，揮之不去。

二〇〇一年九月十一日，我正帶領一個「夢想改變」團體去亞馬遜河地區深處拜訪舒阿爾人。世貿雙塔遭攻擊時，我正好和安地斯山區高山上的一位機師用短波無線電在通話，已和他約好幾天後請他來接我們。他正在聽商業廣播電台，每隔約一分鐘就向我描述正在紐約發生的不可置信情事。那一晚，有個舒阿爾族薩滿僧表示願為我們這群人辦個儀式，助我們因應我們所有人當下的震驚和恐懼。

回美國後，我搭機到紐約市。俯視那個可怕的大坑，我知道該是時候把心裡的想法，把我當經濟殺手所幹的事，寫下來。我不認為寫此書和九一一事件有直接關連，但我覺得必須揭露其他國家某些人痛恨美國的一些原因。我對史東與韋伯斯特工程公司已不再負有義務，因此我不再受制於法律規定。唯一讓我躊躇的因素，是擔心我家人和我會再度遭暗殺者威脅。於是，這次我決定把它寫成個人故事，寫成懺悔錄，不聯繫其他任何一個涉及我經濟殺手工作或豺狼工作的人。我要偷偷寫下整部手稿，然後寄給我在紐約的經紀人保羅・費多科（Paul Fedorko）。我認為，一旦手稿到了非常幹練的費多科手裡且他把手稿交給出版商，我就高枕無憂。想殺我的人會知道，一旦把我弄成烈士，這本書會大賣。

但《經濟殺手的告白》稿子被三十九個出版商退回，主要因為擔心後果難料。保羅鍥而不捨，並且很善於替我打氣。終於，加州一家出版社，Berrett-Koehler，敢於接手，二〇〇四年晚期出版。出版後迅即躋身《紐約時報》非虛構類暢銷書排行榜，待在榜上超過七十週。

此書出版五個月後，二〇〇五年三月，我再度搭機到紐約市，要按既定行程赴聯合國演說。那時，我接受了不少媒體採訪。紐約行之前幾天，我的出版商佩格・布思（Peg Booth）來電告知有個自稱報刊自由撰稿人的男子要求採訪。他與任何報紙或雜誌都沒關係，因此最初我予以婉拒。我把與知名新聞機構的記者會晤（往往包括用餐）列為優先。

這位自由撰稿人不死心。「他表示願在機場見你，或開車載你到幾個會場，帶你去吃頓飯，」佩格就此事又來電告知我。「他會在你要下榻的那個友人的公寓處讓你下車。」我們一致認為這似乎比搭計程車好上許多。

我們開車前往紐約上城東區一家小義大利餐館時，他和我聊了我即將赴聯合國演說之事。我一點也不擔心出事，深信殺了我會使我的人生經歷廣為人知，而那是中情局或其他任何可能雇用豺狼的機構最不想見到的事。我們點了餐，趁義大利麵還未送上來，我起身去洗手間。回來時，餐點已上桌。我們用餐時，他問了一些問題，而那些問題簡單到讓我懷疑他要怎麼寫出能獲採用的文章。我們吃得很盡興，他放我下車，我以為我和他就此不會再聯繫。

離開他之後，我一個人待在我朋友的公寓裡，準備去見我的寫作經紀人保羅，就在這時，我突然肚子劇烈絞痛。我蹣跚走到廁所，坐在馬桶上，吐出血。保羅到時，我已躺在地板上，身子劇烈顫動，休克。我被急送至萊諾克斯丘醫院（Lenox Hill Hospital），獲告知我已流掉體內一半以上的血，然後立即輸血。醫生替我動了六小時的手術，拿掉我七成以上的結腸。

我躺在病床上休養時，收到記者、帕恰馬馬同盟的人、許多友人發來的電郵和來電，其中有些人認定我被下了毒。我愈想愈深信我的確被下毒。幾個月前我做過「五十歲後」預防性標準結腸鏡檢查，我的佛羅里達胃腸科醫生告訴我，除了有我這年紀的大部分人會有的一些憩室，我的結腸狀況良好。此前我未出現任何症狀，未有疼痛或流血。身為練武之人，飛紐約的兩天前，我和其他黑帶選手一起激烈操練過，身體狀況很好。事後回想，我意識到在餐廳時我去上廁所，讓那位「報刊自由撰稿人」可以好整以暇在我的食物裡下毒。

當時，紐約醫生只想著要保住我的性命，動完手術才想到我可能遭人下毒，而這時，唯一的證據已遭火化。先前我被匿名來電和一個聲稱代表厄瓜多石油利益集團的人威脅過，被美國海關官員騷擾過，但我一直天真的認為那本書的出版給了我護身符。如今看來這是一廂情願。我幾次欲聯繫那位「報刊自由撰稿人」，都找不到人。無論如何，我沒有證據指控他犯罪。

手術後頭幾天，我先是寬慰於自己保住性命，繼而擔心又會有人欲殺我，或對已飛到紐約陪伴我的潔西卡、維妮弗烈德做出可怕的事。我要她們提高警覺。

然後，有個老朋友打電話來，提出別的見解。他曾是為政府在非洲、中東、美國的情報機構工作過的傭兵豺狼。

「那個傢伙的手法太蠢，太不專業，不可能是中情局或國安局的人，」他說。「如果他為某個聯邦政府機關效力，你不可能還活著。」

「那會是誰？」

「我猜，狂熱分子。因為你當經濟殺手所幹的事而痛恨你的人。」他停頓片刻。「或因為你抖出內幕，把它寫出來。」

我頓時寬心了不少。然後又一個可怕念頭不讓我好過。「你覺得他會再動手嗎？」

現場靜默了片刻。「我猜不會，」他終於回答。「像那樣的瘋子通常性情古怪。如果沒得手，很可能認為不值得冒第二次出手的風險。就你的情況來說，這個傢伙會上網路聊天室看別人聊你的事。他知道你受傷不輕，失去大部分結腸，錯過一場聯合國演後和其他數十場活動，知道你大概嚇破膽，以後會非常小心。」他輕聲笑。「這時他正沉浸在他得意洋洋的古怪世界裡。」

他掛掉電話後，我覺得自己像是得到緩刑的人。我躺在床上，獨自一人在病房裡，讓逃過一劫的心情帶我進入深沉的夢鄉。

但一醒來，我就意識到另一個讓人不安的問題。那或許來自夢中。我在想，還有多少人因為我當經濟殺手所幹的事，或因為我試圖彌補那些過錯，而痛恨我？

置身在四周都是灰牆的病房裡，聽著窗外的尖銳鳴笛聲、室內病人和垂死者的呻吟聲、透過擴音機不斷呼叫醫生的聲音，聞著消毒水氣味，還有醫院裡——尤其是位在非常古老且散發霉味的紐約市建築的醫院裡——會見到聽到聞到的其他東西，我墮入陰暗的自責深淵裡。

有天夜裡，護士把我搖醒。「你在尖叫！」她低聲說。「痛嗎？」

我躺在那裡，仰望她的臉，揮不去夢中的景象。有隻凶猛的美洲豹作勢要攻擊我。兩個疑問迴蕩在我耳際：你幹那個邪惡的工作為什麼幹那麼久？你看不出你在殖民支配任人宰割的人？

「痛嗎？」她繼續問。

「只是作了惡夢，」我終於回神。

她輕拍我的肩。「你做了創傷手術。」

有幾天，我身體復原期間，仍一再聽到那兩個疑問。那些年我為何一直待在那份工作上，即使我已看出自己在做惡事？什麼因素使我一直看不出我們的殖民支配方式，除了傷害被殖民者，也傷害我們這些殖民者？我們所創造的那個失敗的全球經濟體制和我們不顧環境代價、社會代價，執意追求短期最大獲利的心態，已在許多國家導致環境嚴重破壞、貧富不均、戰爭、社會和政治崩解。我所提出的答案只有一個，那就是要逃離美因公司很難。我受惑於金錢、頭等艙、住豪華飯店和其他種種優遇。我也屈服於直屬上司、其他高階主管和同事的壓力。他們恩威並施勸我留下。

但還有別的因素。這份工作的特質使我不想離開。當時我在做的事，正是學校教育告訴我人活著就該做的事。賺錢，去我從未想過要去的地方，見總統，過高人一等的優渥生活——實現我被教導追求的美國夢。我是經濟學家，在從事國際開發領域的經濟學家所該做的事。而且我是首席經濟學家。這個頭銜是掛在我名字上，讓我不可一世的銘牌，是我呈現在世人面前的身分和我對鏡刮鬍時我告訴自己的身分。此外，我是美國人。我有責任在有心擁抱蘇聯和共產主義的國家，把美國資本主義推銷給該國人民。

從萊諾克斯丘醫院出院不久，我去了波士頓，在那裡與霍華德・辛（Howard Zinn）重新聯繫上。他是我在波士頓大學就讀時的教授，寫過多本書，包括暢銷書《美國人民史》（*A People's History of the United States*）。已八十多歲的霍華德，繼續投身於他整個職業生涯一直在做的事，即鼓吹改革就要失靈的體制。我把罪惡感告知他時，他的回應讓我想起先前從原住民那兒收到的建議。

「要正視罪惡，」霍華德說。「我們都難辭其咎。我們得承認雖然大企業擁有宣傳機器，但我們任由自己受騙上當。你能立下一個榜樣，讓世人知道脫身之道，救贖之路，來自正視它，改變它。捲起衣袖，動手幹。」

霍華德在督促我體認一件事，即我屈從於多年的教育和社會化所深植於我的成功觀。這一看法把我送進一個我已不再受用的現實裡。我想起我認識的那些薩滿僧。改變，相當簡單，只需看出那些根深柢固的觀念，那些主觀看法，觸摸它們，改變它們，然後著手打造新的現實。令人遺憾的，我還未準備好那麼做。

第二十七章　打破舊觀念

《告白》一書出版後的四年裡，要我去美國各地和許多國家演說、接受媒體採訪的事，令我應接不暇。在家時，我有數小時花在接受電話採訪或網路採訪。

由於此書暢銷和看準我能替出版社賺大錢，原本把我拒於門外的各大出版社，這時開始搶著標下我的平裝本出版權。在我同意下，Berrett-Koehler 把此權利賣給 Penguin 出版社。那之後，除了多場演說、媒體採訪，我還從 Penguin 那兒拿到寫《美利堅帝國陰謀》（*The Secret History of the American Empire*）的合同，從 Random House 那兒拿到寫《經濟殺手的告白3——不願面對的金融真相》（*Hoodwinked*）的合同。我忙到沒時間多想別的事，覺得自己當下所為是在逃避，背離霍華德的建議。

二〇〇九年，我已沒那麼忙，霍華德那番話開始縈繞腦海：「捲起衣袖，動手幹。」我意識到，行動要對得起良心，要收到成效，就必須甩掉身為在美國出生受教育的白種男性高人一等的老觀念。我得揚棄對拓殖者在美國邊區之英勇行徑的浪漫憧憬，畢竟他們使用優勢武器、背叛、謊言、違約諸手段打擊、殘殺土著，把倖存土著關在集中營——例如保留區。我得拋掉所有反非裔美國人、反越南人、反華人、反穆斯林、反女性、反同性戀的心態，以及其他所有排斥長得不像我或所抱持看法與我不同者的心態。我得否定我在學校，尤其是商學院，所學到的許多東西，得揚棄支配利用自然的觀念，也就是既不再把自然視為為了取用其石油、礦物、木材，而必須予以破壞，也不再因為其提供有益於人類的藥物、空氣、水等資源，而認為必須予以保護。我得拓寬眼界以接納原住民對自然的看法：自然是有生命且神聖的，因此必須予以保護。我得承認，我對自己的看法，對自己商業角色的看法，已協助打造了摧毀生命的體制。我得把自己的恐懼轉化為打造更美好世界的決心和行動。

首先，我打電話給比爾和琳，告知我想更深入參與帕恰馬馬同盟。他們欣然接受。二〇一〇年起，我成為更活躍許多的董事會成員。

中毒、住院、與霍華德．辛會晤、對自己經濟殺手工作和那種生活的蠱惑有了深刻認識，把我從舊現實帶到新現實。這也助我了解我們所必須伸手觸摸的美洲豹。我看到那隻美洲豹站在「主觀認知橋」上，經過那座橋，我們能從舊現實走到新現實。

第二十八章　主觀認知橋

恩察向我介紹從觸摸美洲豹獲取智慧、力氣、個人力量這觀念時，由於我所體驗到的治療效果——變了個人——我相信了它。他用「阿魯塔姆」（Arutam）一詞來指稱這轉變。

如今，我開始理解它背後更富哲學性的意涵。我想起瑪麗亞・華娜的話，並把它寫在筆記本裡：「有兩種現實，客觀現實，就像這張椅子，人所認知的現實，即人坐在這張椅子上討論的觀念。藉由改變我們認知的現實，我們改變客觀現實。」她指出，如果我們認為只有某類人，例如薩滿僧，可以坐在那張椅子上，那椅子和就著那椅子產生的交談，其所呈現的現實，就和如果認為人人都可坐那張椅子所呈現的不同。

我也想起馬塔教授的話：美洲豹是有力象徵，和牠正面相遇時，正視自己的恐懼，屆時美洲豹會引導我採取會改變我的現實處境的行動；就那時的情況來說，就是讓我變健康。而那的確成為我的新現實。

這些年來我的經歷使我能清楚看出人的現實處境是人的主觀看法所塑造出來；看出那是現代精神治療、量子物理學、企業行銷的基礎，看出要改變自己或世界，就必須突破將我們囚禁在舊思惟、舊作法的障礙。如果逃離或否認自己害怕的事物，它們會纏著我們不放。正視它們，即取得它們的力量。

如今，我理解美洲豹的連接作用。牠站在「主觀認知橋」上，通過那座橋，我們能離開以先入為主的觀念和價值觀為基礎的現實，轉到以新觀念、新價值觀為基礎的現實。如果被那隻美洲豹嚇跑，因過去被教導的觀念或害怕改變的心態而裹足不前，就無法經過美洲豹身邊，越過那座橋。另一方面，如果觸摸美洲豹，認知到擋在我們路上的聲音、教誨、價值觀或其他障礙，正視並改變它們，我們就有力量去採取必要的行動以越過該橋進入新現實。

從多年前我在奇蹟村性命垂危之際與恩察互動的經歷，可了解這一點。我開始在腦海裡想出代表兩種現實的兩個圈，兩圈之間有橋連接：第一種現實經「主觀認知橋」創造出第二種現實。

就我在亞馬遜河地區當和平工作團志工時生病、治癒一事來說，第一種現實是齊恰

（以咀嚼過的植物釀出的啤酒）和奇怪食物。主觀看法——說「這食物和飲料會要你命」的聲音——把我帶過「主觀認知橋」，來到第二種現實：生病，性命垂危。

薩滿幻境之旅改變了那個主觀看法。它同樣始於第一種現實：齊恰和奇怪食物。然後，出現新感知：腦海中的畫面顯示那些食物使舒阿爾人身強體壯，齊恰淨化了水。這一新感知欲帶我走過「主觀認知橋」，去到第二種現實：健康身體。

一隻美洲豹守著那座橋——最初，來自過去的聲音說這食物和飲料很危險。恩察鼓勵我正視自己的恐懼時，那隻美洲豹讓我得以看出這食物和飲料滋補強身。我的心態，我的主觀看法，使我無法結束這場病，而今，藉由改變該看法，我恢復健康。

我也理解到，我在昆卡被診斷出有寄生蟲，但這些寄生蟲有可能感染自我在昆卡之類「文明」地方或在前往奇蹟村途中過了一夜的那間蟑螂橫行的旅店所吃下的生水果、生菜等食物，而非感染自叢林裡煮過的食物。

認識「主觀認知橋」後的幾年裡，我致力於從新的角度思考置身歷史此刻的自己應扮演的角色，打造新的現實。我所採取的行動和我利用時間的方式不同於以往，助我構想出以轉變為目標的計畫，而且這個轉變比我先前所可能想像出的任何轉變都來得大。

我理解到，當我觸摸美洲豹，我能從不同的視角看待事物。我能對「他者」有同情之心、感同身受之心。例如，我突然問起以下之類問題：執行長遭環保人士抨擊時心裡作何感受？若要減輕他的受威脅之感，讓他更願意採取環保人士所要他採取的行動，要怎麼做？能如何助他跨過「主觀認知橋」？

此外，我開始認識到我身為經濟學家的經歷，讓我的話在商業領袖圈子、媒體界、學界能得到採信。我不再斥責自己幹過經濟殺手，反而把重點擺在我當首席經濟學家時所取得的經歷和知識，這個改變很重要。

對我的家人來說，這也是個轉捩點。潔西卡已讀完大學，結婚，生了兒子格蘭特。維妮弗烈德和我斷定兩人走的路大相逕庭，決定離婚。在這過程中，我意識到老觀念會使我們在離婚後無法維持朋友關係。例如，我主觀認定在財務上被對方騙了，因此認為該煩惱錢更甚於我與維妮弗烈德的未來關係。當我察覺到這些舊觀念，觸摸那些美洲豹，我得到了回報，即懂得體諒她，體諒自己。我理解到我們的未來關係比爭執不下的小筆錢重要。我們決定離婚，使我們兩人在許多方面都得到解脫。我們離婚的方式，以及彼此的諒解和和善，使我們婚後得以繼續當好朋友，得以在新的水平上相互扶持。

後來我與姬曼・盧卡斯（Kiman Lucas）交往，如今與她同居已多年。我們兩人都容易緊張激動、愛憎強烈、易情緒化。兩人意見不合時，如果理解到解決之道在於更懂得諒解、體諒對方的感受，我們就跨過「主觀認知橋」，從原本可能是慘不忍睹的現實，轉移到更美好得多的現實。身為律師的姬曼以她那個行業的典型方式，描述了這個過程。她說，「第一種現實是成文法。我們認知、面對成文法的方式和改變他人解讀它們的方式，對司法案件的結果影響甚大。第二種現實反映於案子的結果。『有罪』或『無罪』由法官或陪審員的主觀看法塑造出來。」

事實明擺在眼前，我們必須觸摸美洲豹——害怕改變的心態——才能離開帶來破壞的現實，轉移到使我們與自然和彼此和諧相處的現實。若要把失敗的全球社會——治理——經濟體制改造為成功體制，若要使商界領袖和我們所有人願意擁抱以我們的原住民盟友所提供給我們的長期永續性為核心的價值觀，這會是唯一的路。

第二十九章 結盟

比爾、琳、我連同丹尼爾，決定帶一年一度的「創始會員旅行團」到發跡地一遊。此行包含兩位了不起的女性：從一開始就掌理我們的厄瓜多辦事處的貝倫・帕埃斯（Belén Páez）、和琳共同負責募款事宜的莎拉・維特（Sara Vetter）。她們兩人的作為具體說明了藉由改變主觀看法來改變現實一事的實務層面。

貝倫在為厄瓜多擬訂新憲法上貢獻甚大，該憲法則是世上第一個保障自然之法定權利的憲法。她也對促成原住民男女大幅改變兩性觀有所貢獻。在她與她的舒阿爾族友人納西莎・米席恩塔（Narcisa Mishienta）指導下，原住民女性已能在村和全國性政治、國家治理上扮演領導角色。

莎拉強調，金錢的價值取決於我們如何看待它。她鼓勵人們理解金錢只是達成目的的工具，而最重要的目的之一是從失敗的體制轉移到會讓後代得以繼續生存的體制。她鼓勵人利用錢來打造「生命經濟」。

一九九三年來自雨林的一通電話和一九九五年十餘人的阿丘阿爾族領地之行，已催生出一個經營極有成效的組織和與原住民締結的驚人夥伴關係。這是說明跨過「主觀認知之橋」有何效應的絕佳例子。隨著第一群人改變其看待世界的方式，他們和他們之後的其他許多人從一個現實轉移到另一個現實。對某些人來說，這需要觸摸美洲豹——正視令人氣餒的現實——才能辦到：「問題實在太大。」對有些人來說，美洲豹指的是信心不足：「我解決不了這個問題。」對另一些人來說，指的是害怕改變：「我不想冒失去我已習慣之生活方式的險。」不管他們所面對的美洲豹為何，一旦理解它並動手處理，他們就能採取必要的行動，使他們進入賦予他們力量的新現實。

二〇二〇年，帕恰馬馬同盟已是不折不扣的全球性組織，在八十餘國提出計畫。在創會第三個十年的開頭，帕恰馬馬同盟有了扼要介紹其諸多成就的網站，www.pachamama.org。以下節錄自該介紹文：

帕恰馬馬同盟

自一九九七年起，我們一直與厄瓜多亞馬遜河地區的原住民組織同心協力捍衛他們的權利和家園。

我們最初的作為提供了法律和技術上的專長，以強化原住民自治，保護他們的土地和文化……

（這些作為）成就甚大，但我們多年間繼續探索如何擴大影響，以「改變夢想」。二○○五年，我們開了具有改造人心之作用的講習班「喚醒作夢者研討會」。在世界各地舉辦的此一研討會上，人們齊聚一堂，發掘古老智慧在處理當今危機上的用處。[1]

自一九九七年迄今，厄瓜多亞馬遜河地區已有重大改變。基多與殼鎮之間已鋪了道路且已拓寬。新的渦輪螺旋槳式飛機配備先進的導航儀器。有更多的人住在此道路沿線區域，而且有電可用，有電視看。從發展的角度看，這些改變似乎是好事，但利弊得失仍未定；這些改變加大了更多剝削、人口過多、破壞自然的可能性。

毋庸置疑的，已有令人樂見的改變。石油公司已不得往阿丘阿爾族領地擴大其地盤。雨林保育意識提升，在厄瓜多和全球各地皆然。或許，最不可思議的改變，是這些原住民身上的改變。

當年攻擊我們的座機、欲殺掉雅哈努亞的那些阿丘阿爾族戰士，有些人如今娶了舒阿爾族女子。「擄走」第三架飛機上比爾和琳那一群人的村民，如今與帕恰馬馬同盟合作，雙方建立密切的夥伴關係。泰錫和其先前的敵人如今和平相處。亞馬遜河地區諸族，經過千百年的敵對和交戰，已共同組成聯盟，抱持共同的目標、價值觀，採取聯合行動——這是二十年前絕對想像不到的事。

但我們人類對地球的破壞卻叫人愈來愈不樂觀。

我坐下來寫這些字句時，誰都已看出，森林所發出的呼求，是要人有新的省悟，採納新價值觀，採取必要的行動以重新設定我們所居住之太空站的導航系統。這是要人類揚棄一直以來戕害自己和自己家園的作風以拯救世界的呼求。

造訪對殖民化和去殖民化都有深刻了解的原住民文化，有助於我理出這些思路。

第八部

去殖民化（二〇一七～迄今）

我們是兄姊——我們的文化比你們的古老且有智慧。我們的職責是教身為弟妹的你們了解如何照顧我們的神聖母親，地球。

我們抵抗殖民化，但殖民者的觀念已侵入弟妹的心。

第三十章——科基人：殖民專家

一九七六年秋仍為美因公司效力時，我騎馬穿過蓊鬱的叢林，往北進入哥倫比亞加勒比海沿海地區的聖馬塔山脈（Sierra Nevada de Santa Marta）。世上只有一個地方，其大陸性高山從大洋底部拔起至海拔超過五千四百公尺，那個地方就是這裡。我要去我所買下的咖啡園，那是我個人與當地某所大學合作的專案項目。我自詡要教農民認識如何不用化肥種植作物。如今回顧，我或許潛意識裡想要彌補從事經濟殺手工作和身為美國公民享有特權所產生的愧疚，於是有此合作項目。當時，我一週的薪水大概就比三個自給自足型農民一輩子所賺的還要多。這片咖啡園占地約兩百五十英畝，全境為地形崎嶇的山區雨林，其中約五十英畝已種上咖啡樹，另外兩百英畝的濃密叢林，我從未進去過。

小徑上，迎面而來，有個人騎馬往下走，牽著另外兩匹馬，那兩匹馬各馱著蓋了油布的貨。接近我時，我看到從油布底下伸出的腳。屍體！兩具。儘管炎熱，我全身打了寒顫。

「怎麼回事？」他在我旁邊停下時，我問。

「兩個人互相開槍打死對方。」

我嚇壞了。「為什麼？他們是誰？」

「一個毒品走私販、一個聯邦調查局幹員。」

我望著他。「怎麼可能，聯邦調查局只在美國境內辦案。」

他從鞍囊抽出一樣東西遞給我。我以為是錢包，結果是聯邦調查局的徽章。

一個可怕的想法浮上心頭。如果有些當地人痛恨我這個外來殖民者，在我的土地上種了大麻和古柯鹼，然後通知聯邦調查局，說我是毒販？

我調轉馬頭，往山下走，進入我停在更低處馬路邊的吉普車，駛往巴蘭基亞（Barranquilla）市。到了那裡，我立即去從事咖啡業的哥倫比亞籍友人的辦公室，把我的農場賣——其實該說是送——給他。

三十八年後，我再度來到這座山脈。我的友人丹尼爾·庫珀曼，即最早把我介紹給阿丘阿爾人的那個人，先前去拜訪過住在此山區的科基人（Kogi）。科基人邀他，並經他中轉，邀我一起帶人去見他們。他們告訴他，關於我們的地球管家角色，他們有許多看法值得我們學習。

二〇一五、二〇一六年，丹尼爾和我帶團去見他們。他們傳達的思想始終感動人心，而且每拜訪一次，他們就更加敞開心胸接納我們。如今，二〇一七年，科基族馬摩（Mamo，男薩滿僧）邀我們的第三批人去一處聖地，據他們說，此前從未有外人去過該地。

我們，十二個訪客、兩名馬摩、一名年輕的馬摩學徒，坐在由數個巨石構成的洞穴裡。馬摩和學徒三人身穿傳統無袖白色長上衣，罩著下面的寬鬆白長褲，頭戴代表山峰的白尖帽。「我們是殖民專家，」其中一個馬摩用西班牙語說。丹尼爾翻譯時，他繼續說，「我們已被殖民好多次。很久以前，西班牙征服者入侵，我們的祖先和他們交手，但弓箭打不過他們的武器。他們撕開大地找黃金，想要我們信天主教。我們向位於加勒比海沿岸的美麗世居地『告別』，爬進更高的山裡。

「幾年後，來了咖啡和大麻種植園主。最初我們試著和他們共存，但他們砍掉森林，種植作物，用化學物毒害土地，要我們改變舊習，在他們的農場工作。於是，我們搬到更高處。然後，來了古柯鹼毒品老大、警察、軍隊、游擊隊、中情局。不斷傳來槍聲。我們一路退到冰川地。」

馬摩停頓片刻，打量周邊的大石頭，然後轉回面對我們，說薩滿僧訓練使他在洞穴裡度過四至十三歲的童年，在那裡對大地講話，聽大地的聲音。「我們認為我們被趕進高海拔山區，以了解、聆聽冰川融解的悲歌。對我們來說，那是與大地建立更深刻連結的機會。如今此地區回歸和平，我們要索回世居地，願意抽出時間把正道教給你這樣的人。我們是兄姊——我們的文化比你們的古老且有智慧。我們的職責是教身為弟妹的你們了解如何照顧我們的神聖母親，地球。」他掃視我們眾人的臉。「我們抵抗殖民化，但殖民者的觀念已侵入弟妹的心。我們要改變這情況。」

我坐在那些大石之間，想著科基人所面對過的美洲豹。他們未喪志，未因不得不搬到愈來愈高的山區而灰心，反倒抓住機會向冰川和大地學習。他們已為自己創造一個新現實，即成為世人導師。

「你們真的在洞裡住了九年？」有人問那位馬摩。

「沒錯，」他答。「我們學會傾聽大地的聲音。我們傾聽時，她說話，然後我們行動。」

他似乎在針對現代世界的另一個面向而發：讓我們無法用感官和心真正傾聽的主觀

看法。我們終於同意冰川正在融化、百年一遇的強烈颶風約每年都來，但我們在學術氣息濃厚的報告裡以冰冷的測量數據表達此事，遲遲不願採取實質行動。科基人不需要科學報告，就道出大家都看在眼裡的事，然後付諸行動。

我們與科基人共處了四天，聽他們的故事，與他們一起作儀式。這些儀式包括向大地（用他們的話說，「偉大母親」）獻供致謝，感謝她所提供給我們的一切東西。結束此行，互道別離時，我們每個人，一如丹尼爾和我每年所帶的其他團的團員，都深深佩服科基人生活的簡單，佩服他們時時體察並感激萬物與大地所賜予他們的東西，佩服他們欲促成全球改變的決心。

第三十一章　好消息

我每年回新罕布夏州提爾頓中學（Tilton School），我父親執教過的寄宿學校，講學一星期。我父母親和我曾住在校園裡的一棟房子，那是我度過人生頭十八年歲月的房子。那時這所中學是只收男生、得穿校服打領帶、管教嚴格的「預備」學校，如今沒那麼刻板，而且男女合校。

結束那次拜訪科基人之行返鄉後，我漫步在普林頓會堂的走廊上，吸進我五歲時向父親形容的氣味——「預備學校的拋光木頭味」。我不斷想著提爾頓中學的兩個人，他們都是給我最大啟發的老師之一：我的高二英語老師理查·戴維斯和我的高三歷史老師傑克·伍德伯里。他們都教導學生，文字——主觀看法——改變歷史之大，甚於刀劍。他們也鼓勵我們尋找官方說法背後的真相。伍德伯里先生強調，史書是勝者寫成，制式美國故事刪掉殖民帝國背後的事實。

我停下腳步，隔著教室玻璃窗凝視正聚精會神聽老師講課、未察覺我存在的學生，心想這些學生是否知道美國歷史上殖民的一面。美國為殖民支配許多地方（包括關島、巴拿馬運河區、菲律賓、波多黎各、薩摩亞、大片墨西哥區域）所已採取的行動，以及我們為控制非洲、亞洲、拉丁美洲、中東、大洋洲之國家的政治和經濟所採取的作為，自封為民主捍衛者的國家絕不會想要放進其教科書裡。但必須有人把這些事講出來，我們才得以觸摸那隻提倡「死亡經濟」的美洲豹。

我轉離門口，往走廊另一頭走去，心裡提醒自己要在下次講課時談美國殖民活動和「死亡經濟」之間的關係。下課鈴響，學生奔過我身邊。一天的課已結束。我繼續走，沉浸在往事裡。

最後我來到父親的老教室，那是他多次教拉丁、西班牙語、法語的教室。教室門外掛了一張他的照片，還有紀念他在提爾頓教學四十載的銘文，照片中他是個帥氣的年輕人，身穿人字呢西裝。我感到很難過，很想再見到他，聽他講話。

教室裡空蕩蕩。我走進去，坐在講桌後面的椅子上。我雙手撫過深色木頭，確信這是他用過的講桌。我靜靜坐了片刻，感覺他的存在，想起他曾告訴我，我在關於古羅馬的電影裡看到的鬥劍士活動是墮落社會的象徵、衰落帝國的象徵。我閉上眼，想起在泰錫家喝了阿亞瓦斯卡後度過的那一夜。

一組剪輯畫面快速閃過我眼前，男人施暴其他男人、女人、小孩——軍人揮刀，軍人操作能發射飛彈且往往殺害平民的無人機，重型機器蹂躪大地並把毒物噴入空中，無家可歸的人裹著髒毯子、棲身於城市高架道路下方，豪宅聳立於整成階地的山坡上。

然後我看到那次薩滿幻境之旅末尾出現的那個女人，再度聽到她講話：「有錢人總是想要更有錢，想要鞏固手中的權勢……不可靠的支配者。」還有她最後的告誡：「你有事要做。」

我張開眼，低頭凝視我父親講桌桌面。坐在那教室裡時，我知道我要做的事是再度觸摸我的美洲豹，放下自己洩氣的想法和對失敗的恐懼。我需要接受美洲豹所提供的能量和智慧，需要助他人了解如何改變自己的敘事和思考、評價、行動方式。

我起身，看著教室牆上一張海報。凡爾賽海報。我們喜歡凡爾賽之類的博物館，驚訝於在該處歡宴的國王的貪婪，就在其子民於宮外貧民區挨餓之時。我們要問自己，那些國王如何合理化自己於那麼多人受苦時過得如此豪奢。但我們所需要做的，乃是開車經過當今億萬富翁的豪宅、豪華遊艇、昂貴噴射機，然後自問類似問題。

我走到窗前。陽光照在外頭樹上，照在山上，照在我曾非常熟悉的這個新罕布夏州城鎮。變化真大！那兩間食品雜貨店不見了，藥房、賣冰淇淋和汽水生意很好的那間雜誌店、那家本地銀行、兩間診所、火車站，都不見了。如今，主街有一間美容店和其他一些小店，但在我看來，那裡猶如廢棄的城鎮。

從我站立的地方，我看不到我小時候還沒有的大賣場，但我能在腦海裡想像它們就在那時也還沒有的州際公路附近。這個城鎮已失去其主要的商業活動。但提爾頓這個區域，如今為來自全州各地的購物者提供 Walmart, Ralph Lauren, Banana Republic, Gap, Brooks Brothers, J. Crew, Coach, Nike...

我把視線轉回教室。目前在此校就讀的學生，會目睹來得非常快的改變，而且那些改變會與任何人所曾經歷——乃至想像——的改變大不相同。我在口袋裡摸找手機。如果我那時有學生說我們能透過這麼小的一個裝置，讀歷來付印的資訊，聽音樂，看電影和電視節目，購物和完成金融交易，與地球上所有人即時通訊，那人大概會被我們嘲笑得逃出教室。

手指頭在手機上東摸西按時，我想起一些可喜之事。儘管如今碰到種種難題，我們如今也能取得能把我們搖醒、激勵我們改弦更張的資訊。走過等級體制、殖民支配的長路，如今我們走到覺悟的時刻。我們認識到冰川融化、物種滅絕、政治動蕩等令人無比難過苦惱的事，是自取滅亡的全球社會－治理－經濟體制的病兆。垂死的經濟，「死亡經濟」，建立在以下的假設上：對企業來說，成功就是不顧環境代價、社會代價，將短期獲利最大化，對個人來說，就是不顧那些代價，短期內大量入手實體物質。

我再度看著那張凡爾賽海報——千百年來富人決心維持手中權勢一事的象徵。軍人－殖民者生涯耗掉我的大半人生，在這期間，我以讓人恐懼和背債為手段雙管齊下，傳播我原以為是資本主義的體制，後來卻發現那是偏離正軌、掠奪成性、追求獨占、仿資本主義的體制。*我和我的同事扼殺競爭，推翻民主政府，只要仇外民族主義有利於大企業遂行其目的，就提倡這種民族主義。如今，站在這間教室裡，我知道情況會變，終究會變。

當我們之中有足夠的人正視美洲豹——害怕改變的心態——這個「死亡經濟」就會轉變為清除汙染、使被毀的環境重生、創造出不摧殘環境之科技的經濟，即活經濟，「生命經濟」。不然，我們會碰到愈來愈多大災難。我們若不改變既有的觀念、價值觀、行動，開始以新方式建立自己與他人、與資源、與國家、與政府、與文化的關係，

---

*欲詳細了解掠奪性資本主義和「死亡經濟」、「生命經濟」，見書末「資源」一節。

就會驅使自己走上滅絕之路——或近乎滅絕之路。

我從父親坐過的椅子起身，走出他的教室，來到散發熟悉氣味——預備學校的拋光木頭味——的地方。我緩緩走過走廊，走下樓梯，來到戶外。校園另一頭矗立著刷白的房子，就是我和父母親原來住的房子。如今那裡住著別的老師，但樣貌看來依舊。我想像母親站在門前階梯上向我揮手。

我想起她走過的日子：經濟大蕭條、希特勒、珍珠港事變、第二次世界大戰。但整體勢頭往好的方向走。大蕭條結束，德國、日本投降。曾與我們為敵者成為我們的朋友。

我想起九歲大的孫子格蘭特，我父母無緣見上一面的曾孫子。他的存在鼓舞了我，直接激勵我從事我心知必須做的事。我的祖父母、父母帶我走過可怕危機。我的職責則是幫以此校學生和格蘭特為代表的後代作好準備，以迎接日後的挑戰。

我環視宿舍、人行道、四周遍植樹木的草坪，想著活到這歲數已學到多少東西，想著我在不同國家演說的場所，從中國的商學院到捷克共和國的音樂節，從俄羅斯的國際經濟高峰會到美國境內有心改變之資本家的聚會，從巴哈馬的瑜珈靜修中心到土耳其的企業執行長大會，還有其他許多場合。我想起我與某些執行長的討論，那些執行長告訴我，他們希望其公司為社會和環境負起更大責任，但擔心如果公司失去市占或股價下跌，他們會丟掉飯碗，換上只在意市占或股價的人。其中幾個執行長力促我要求聽眾透過網路集體發聲，向企業密集表達「我們喜歡你們的產品，但要等到你們支付海外工人足以讓其生存的工資（或只使用再生物質之類的），才會再買它」之類的主張。然後，他們能把這些主張帶到董事會，爭取他們所樂見的改變。有個執行長告訴我，「如果環保，而非短期獲利，成為成功的指標，就連反社會的高級主管都會加入環保運動。」

我想著自一九九五年那一小批人與阿丘阿爾人見過後，帕恰馬馬同盟已取得的驚人進展，想著我去過的每個有帕恰馬馬同盟的人致力於改變現代文明之破壞模式的地方。事實擺在眼前，全球各地愈來愈多人理解到必須改弦更張，但要如何做到，他們感到困惑。有些人擁抱右翼政府，有些人轉向左派。但政治、文化立場各異的人理解到，當前體制不再造福於我們。這一理解是邁向改變的第一步。

我回想起第一次搭機到厄瓜多途中在報紙上看到的那張乾縮頭的照片，想起我搭的飛機遭阿丘阿爾族戰士攻擊的可怕情景。我想著亞馬遜河地區諸原住民族，他們相互殺戮千百年，然後捐棄前嫌合力保護他們的領地。他們正視他們最害怕的東西，即現代世界裡的我們。

那天的提爾頓中學之行，對我影響深遠。此行幫助我理解到我們知道必須處理氣候變遷、戰爭、世界飢餓、森林砍伐等許多問題，但我們忽略了一點：這些問題是症狀，「死亡經濟」才是病因。我們應該打破無法達成那麼大的改變的想法，但美洲豹似乎在阻止我們往這方向走。我們未付諸行動，反倒告訴自己我們太弱、太不夠格、太微不足道或日子過得很舒服。

然後我理解到那隻似乎在擋路的美洲豹，其實希望我們觸摸牠，以便賜予我們扭轉大局的力量。如果亞馬遜河地區長久相互仇視的原住民族和二戰時的敵國，後來都能化敵為友攜手同心，今天的人當然也能做出同樣的改變，合力解決人類歷來所面臨的一部分最嚴峻問題，當前人類遭遇的問題。不管是住在朝鮮半島、阿富汗、葉門、俄羅斯、中國、美國或其他國家，我們都是世界的一分子。我們有足夠的智慧阻止短視的分別心，合力保護我們共有的領土，我們的「活地球」，我們唯一的家園。

有個重要的客觀現實：世界擁有豐富的人力資源和自然資源。「主觀認知橋」決定了我們與那個現實建立何種關係。有種主觀看法要人不顧環境成本、社會成本，利用那些資源獲取最大的短期有形利益，一旦接受該看法，就跨進「死亡經濟」。但如果我們接納人能利用那些資源來打造可永續、可再生、可重生的體制一說，我們就跨進「生命經濟」。有隻美洲豹站在那座橋上。眼下我們不該再害怕改變，而應擁抱美洲豹所提供的促成改變的力量，打破把失靈體制壓在我們身上的心態，把人力資源、自然資源用於打造會造福後代的體制。

結論　美洲豹的信息

在這些足跡裡，觸摸擋住你們去路的美洲豹，觸摸其實幫助並支持你們改變的美洲豹。

第一次進入亞馬遜河雨林的五十年後，我隨著帕恰馬馬同盟又一次行程回到該地。我在卡帕威度假屋附近，和一個被稱作Z的女子一起划雙人小艇，溯卡帕瓦里河而上。她打破沉默。「河裡有東西在游動。」

「大概是昨天有個阿丘阿爾人在這附近看到的那隻貘。」

Z轉向我。「不是，」她低聲說。「是美洲豹！」

我嚇得不敢動，把槳懸停在小艇上方，心臟跳得很快。我慢慢且小心翼翼的放下槳，把它擺放在小艇上，然後身子往前打量她的周邊。

一道白水劃過河面，那是東西在水裡游過留下的尾跡。我舉起一隻手遮在眼睛上方擋陽光，視線盯著那道白水。然後我看到牠：一隻已成年的美洲豹，就在我們前方幾公尺處，向河岸游去，露出帶著黑斑點的黃褐色頭部和肩膀。船的走勢正把我們迅速帶向牠。我一把抓起槳，止住小艇前進。

我們靜靜坐在那裡，一動不動，不發一語，只是看著。

美洲豹轉頭看著我們，游動的節奏不變；然後牠游到岸邊，爬出水，抖掉身上的水，再瞥了我們一眼，跳上河堤，消失在濃密的樹葉裡。

一群受驚嚇、大如火雞的麝雉飛出樹林，飛過卡帕瓦里河，深怕落入美洲豹之手。

那天更晚，一群阿丘阿爾族男子要我上他們的獨木舟，以指出那隻美洲豹離開河水的地方。坐在我後面的人，就是多年前攻擊我們的飛機且因雅哈努亞是舒阿爾人而欲殺掉她的那些男子之一。這時他娶了舒阿爾族女子為妻。數百年來誓不兩立的兩個族通婚，如今已稀鬆平常，體現了時代的變遷。他們已真的觸摸了他們的美洲豹。

獨木舟來到泥濘的河岸。阿丘阿爾人一個接一個下船，把手擺在美洲豹的爪痕上。

「我們在觸摸美洲豹，」其中一人笑著說，他是其中年紀最輕者。他助我跨出獨木舟，鼓勵我把雙手擺在足跡上。「在這些足跡裡，觸摸擋住你們去路的美洲豹，」他勸道。「觸摸其實幫助並支持你們改變的美洲豹。」

回到獨木舟，我問那是何意。

「似乎有隻美洲豹在阻止你們的人改變，阻止你們停止摧毀這些森林——和世界——但那隻美洲豹也表示願給你們改變的力量。」

這些話語非常熟悉，但在那一刻，似乎比以往任何時候更富深意。或許，令我感到衝擊的是我不久前才非常靠近一隻有血有肉的美洲豹且接著觸摸了牠的足跡一事，也或者或許是這個阿丘阿爾族年輕男子的話語。不管是哪個，這讓我想起我所讀過，對那些尊崇美洲豹之勇武、力氣、警覺的古老文化的敘述。我想起如今把美洲豹視為鼓勵我們面對害怕之事物、突破障礙、決定未來之路之象徵的阿丘阿爾人。我想著「鵰族與大禿鷲族預言」、馬雅人二〇一二年預言、舒阿爾人的艾察與埃維亞人傳說，想著亞馬遜河地區諸族晚近的團結。這些故事和事件的每一樁都突顯了我們人類所擁有，藉由改變主觀看法、採取新行動來改變現實的力量。

坐在那艘阿丘阿爾族獨木舟裡，我理解到，就在我們若要繼續存在於地球，就必須正視令我們害怕的事物，把它們轉化為能促成個人、全球改變的行動之時，這些故事已為現代工業化世界所知。

獨木舟順河流向那間度假屋時，我再度回頭瞥了一眼坐在我後面的阿丘阿爾族男子，然後看著周邊美麗的森林。二十餘年前，此森林裡的這些人已在這裡植下一顆種籽。那是希望的種籽，它傳達了一個信息：我們團結起來保護自己家園，保護我們的地球時，其所能產生的力量。那顆種籽已扎根，而且根已蔓生全球。

資源

你能做到的事

眼下比以往任何時候更需要改變歷史走向。眼下也是全球通信為改變提供最佳機會的前所未有時刻。網路、手機問世之類的事件，已讓我們得以更加了解我們所居的星球和自己，得以參與改變我們政策與行動的團體。社會網絡使我們得以集體發聲，讓企業知道如果他們想要我們為其工作，買他們的產品，投資他們，他們就得矢志獻身於「生命經濟」。

許多跡象顯示我們有能力改變權大勢大的機構。「綠色新政」（Green New Deal）之類的政治舉動；良知資本主義（Conscious Capitalism）之類的團體；共益企業（B Corporation）、兼益企業（benefit corporation）*、合作社、地方銀行之類的創新商業手法；替代性能源科技和有機農業手法；授信撥貸（Drawdown）之類計畫；長期股票交易所（Long-Term Stock Exchange）的問世，只是其中幾個例子。二〇一九年八月的商業圓桌會議，有力顯示了即將到來的改變；全球一百九十二家大企業的執行長承諾「揚棄公司必須追求股東最大獲利、甚於其他人最大獲利的觀念」，轉而「矢志兼顧股東的需要和顧客、員工、供應商、地方社群的需要。」這一承諾，一如其他跡象，證實商業經營觀念在改變，但我們每個人都有責任利用社交媒體和能用上的任何工具，要求這些企業和支持它們的政府以行動履行其承諾。

在人類演化走到關鍵階段的此刻，我們必須以行動證明馬雅預言、鵰族與大禿鷲族預言和其他許多鼓勵我們提升自覺程度的故事，必須正面對抗摧殘我們的環境、資源、心靈的埃維亞人；必須著手廢除行之已久的破壞性社會、政治、環境、經濟模式；必須向原住民取經，認識揚棄殖民支配心態的重要，因為該心態創造出有害的現實。我們必須團結諸文化、諸國家，共同致力於使我們的家園，地球，依舊適合居住。

＊本書的（原文）出版社既是共益企業（通過認證，符合社會責任、環境責任、可問責、透明度之嚴格標準的企業），也是兼益企業（必須為所有利害關係人的福祉，而非只為其股東的福祉，營運的企業）。

在此關鍵時刻，大家前來協助因應這些挑戰。把本書讀到這裡，意味著你願意盡你的本份。當你問「我能做什麼？」時，你就在要求自己觸摸美洲豹，積聚著手改變你自身和地球的現實所需要的勇氣、創造力、智慧。

「我能做什麼？」，答案就是你能改變自己和世界。一開始不妨另外自問以下問題：

一、**我是誰、我是什麼樣的人？**

- 我為何在歷史上的這個關鍵時期，生於把我養大的這個環境和社會？
- 會帶給我喜悅，讓我肯定自己的人生使命，最高目標，為何？
- 誰或什麼受到我殖民支配？

二、**我的美洲豹，我害怕的事物，為何？**

- 什麼東西阻擋我實現我的人生使命，我的最高目標，我的最大喜悅？
- 我的身分（道出你的種族、背景、成見和你所知道的自身其他特點），給我帶來什麼障礙？
- 什麼想法、成見、偏見、特性使我不願做出我想要的改變（我、我的家庭、我的族群、我的國家、世界的改變）？

- 我需要克服我所認知到的什麼弱點？

三、我要如何正視我的美洲豹，改變我的主觀看法？

- 為表明我的使命，我的較高目標，我需要採取的初步作為為何？
- 為突破擋路的障礙，我需要有什麼具體作為？
- 我要如何改變我對以往所認定為負面或缺點的個人特性的看法，讓它們助我前進？
- 我需要對自己和自己的人生抱持何種新看法？

四、我該為自己個人採取什麼作為？

- 我的追求和技能為何？我能如何利用它們來從事會帶給我喜悅、驅策我實現人生使命的作為？
- 美洲豹能送我什麼禮物，以便我利用自己的追求和技能打造我最尊敬且最想成就的我？

• 原住民和其文化能助我更加了解團結我的家庭、我的社群、我的國家、世界所需的行動，而我對原住民和其文化有何理解？

五、我要如何改變世界？

• 我能如何學會透過原住民的眼睛看世界，理解最小的昆蟲和最大的樹攸關地球的存續，一如我體內最小的細胞和最大的器官攸關我的存續？

• 我能如何幫助企業獻身「生命經濟」，尤其是我的朋友和我購物、工作、掌握消息、投資所在的那些企業？

• 美洲豹能給我哪種智慧、力量、動力，使我得以那麼做？

• 若要跨過「主觀認知橋」，從支持「死亡經濟」轉為幫忙促成「生命經濟」，我要付出什麼？

• 若要讓世界去殖民化，我能做什麼？

把這些問題融入你的日常生活，擬出可採取的行動，你可以做以下的事：

1. 培養某種放鬆身心、鼓舞精神、帶給你力量且有趣味的習慣作為。這或許是冥想、瑜伽、薩滿幻境之旅、林中散步或其他種種活動(後文會提到每日習慣作為的例子)。關鍵在於利用此習慣作為促使自己發出類似剛剛所提的問題，全心擁抱答案，據此作出相應的行動。

2. 講述新的故事，以需要接受新價值觀和打造「生命經濟」一事為主題，感動人心的故事。身邊有人抱怨情況多糟——或你自己很想發牢騷時——轉換心情，找出正面的故事。相較於光憑冷冰冰的事實，故事更能打動人心，而且若想要以理勸人同意你的觀點，往往會讓對方心生抗拒，而故事能讓人在無抗拒心理下聽進去。留意可喜之事(太陽能和風能、收集大洋中的塑膠製品予以回收再利用的科技、販售本地產有機農產品的超市、以行動支持商業圓桌會議之目標的企業執行長，諸如此類)。即使最初你很想把某些故事斥為「只是行銷宣傳」，也要知道，講述這類故事，改變了主觀看法(例如，蓄奴的托馬斯・傑佛遜，其在《獨立宣言》裡擬的文字改變了人對蓄奴的看法；有個女人坦承她開始把衣物晾在屋外，是為了讓鄰居看了之後跟進，自那之後她理解到，這是成為節能運動領袖的第一步)。把可喜之事散播給你所有的朋友和認識的人。鼓勵那些(不管出於什麼動機)跨出第一步的人跨出第二步、第三步……。

3. 體認忠於自己並參與打造「生命經濟」是你這輩子所會做回報最大且最快意的事！

以下是能助你完成上述建議的習慣作為例子。

每日習慣的例子

通往更幸福生活和更美好世界的五個步驟：

1. 界定你的夢想，你最想要的生活，會帶給你最大幸福的生活（例如，「我想寫書」、「我想靠教瑜伽謀生」、「我想當木工，靠雙手和木頭工作」。）
2. 用一個句子描述你的夢想能如何支持「生命經濟」（「我會寫下支持『生命經濟』的故事」、「我會利用瑜伽來激勵我的客戶勇於改變自己和世界」、「我會使用可永續的材料，讓我的客戶知道他們在投資未來」。）
3. 用一個句子確認阻止你實現夢想的美洲豹（「我沒時間寫東西」、「大家學瑜伽不是為了改變世界」、「身為木工，由我來向客戶談未來，並不恰當」。）
4. 用一個句子表明要觸摸美洲豹的決心（「我會每天更早起，寫半個小時東西」、「我能助練瑜伽者理解改變的必要」、「木工這一行的重點就在為未來建設」。）

5. 每天早上把前面四個步驟默念一遍，每天採取行動履行它們（寫半個小時東西、開始向你的瑜伽學生或找你做木工的客戶談改變、談未來）。必要時予以詳述。

重點：每天做會讓你往你的夢想——追求個人更幸福生活和更美好世界——更接近的事。

〔注意事項〕每日的作為能以多種形式呈現，從簡單的作為（發推特）到複雜的作為（競選公職），形形色色。就簡單的作為來說，有個例子只需要付出極少許的時間和心力：找出一家你覺得對社會或環境不夠負責的公司，發起（或加入）透過網路集體發聲要其改進的運動。力促你所有的社交網絡圈子發信息給該公司，例如「我們喜歡貴公司的產品，但要等到貴公司＿＿＿＿＿＿我才會再買該產品」之類的信息（在空格裡填上你希望該公司做的事）。請你圈子裡的每個人把此信息發給他們各自的圈子。要知道，你是在支持該公司裡那些想要改變的人（每個公司裡都有許多這樣的人）；他們能用這些信息讓其上司和董事會成員相信，如果想要保住顧客，就得改變。

然後，你就隨時可以去觸摸美洲豹，把你所害怕的事物化為改變世界的行動。

死亡經濟vs生命經濟

資本主義與許多經濟學家口中的「掠奪性資本主義」有個很大的差異，後者偏離正軌，與原本的資本主義少有共通之處。根據Merriam-Webster辭典，資本主義是具有以下特點的經濟體制：私人或公司擁有資本財，投資由私人決定，價格、生產、貨物分配主要由自由市場中的競爭決定。[2]

Oxford辭典則定義如下：

一國的工商業由追求利潤的私營企業主，而非由國家，控制的一種經濟、政治體制。[3]

今日的「死亡經濟」與上述任何定義都大相逕庭。此種經濟的特點，是企業摧毀或吸併競爭者，反對自由市場政策。不只國家不擁有企業，反倒企業和其億萬富翁股東控制國家。這是掠奪成性的畸變型資本主義，其實談不上是資本主義。

「死亡經濟」被一種目標推著走，該目標的提倡者是一九七〇、八〇年代的一群經濟學家，包括海耶克（Friedrich von Hayek，一九七四）和佛里曼（Milton Friedman，一九七六）這兩位諾貝爾獎得主。此目標，簡而言之，就是「企業的唯一責任是不顧社會代價、環境代價，將業主的短期獲利最大化。」

伴隨此看法而生的諸多論述，讓企業的高階主管有權利——甚至有權力——做他們所認為會將獲利最大化的任何事，包括透過資助競選和承諾卸職後授予有利可圖的諮詢或遊說工作來收買政府官員；消滅競爭對手或買下該對手的全部股份；摧毀環境；減稅和調降工資；阻止政府制定支持工人、支持消費者、支持生態的法規；承諾將其設施設在城市和國家（或揚言將設施移出城市、國家），藉此影響經濟；耗掉其企業的長期生存所倚賴的資源。這些論述提倡在企業經營和國家治理上施行自上而下的威權式行政管理體系和獨裁式管理風格。

「死亡經濟」的主要特點

- 其目標是追求相對少數人之短期獲利的最大化。
- 利用讓人害怕和背債奪取市占和控制政治。
- 提倡有人贏、就必有人輸的觀念。
- 具掠奪性，鼓勵企業相互掠奪、掠奪人、掠奪環境。

- 摧毀其長期生存所需要的資源。
- 把「榨取性」、滿足物欲的貨物和服務看得比提升生活品質的貨物和服務（例如育兒、藝術品）重要。
- 深受非生產性的金融交易（股價操縱、金融化、「賭博」）影響。
- 估算獲利、GDP等數據時，忽視外部效應，例如環境破壞和對工人的剝削。
- 投注巨資於軍備上——用以殺害或揚言殺害人和其他生物，摧毀基礎設施。
- 導致汙染、環境瓦解、收入與社會的嚴重不均，可能導致政治動蕩。
- 未把稅收界定為（對社會福利事業、基礎設施、軍隊等的）投資，反倒予以貶損。
- 不符民主精神，助長由某些個人控制的大企業，而且那些人對政治影響力極大（導致寡頭統治的獨占事業）。
- 以由上而下的威權式行政管理體系為基礎，該體系支持獨裁式管理風格——在企業經營和國家治理上。
- 把非生產性的行業（風險資本家、投資銀行家）看得比具生產性的行業（勞動者、工廠工人）和充實生命的行業（老師、音樂家、藝術家）來得重要。

- 使數十億人窮得不能翻身。
- 把動植物和整個自然界歸類為可耗盡的資源；不尊重、不保護自然；導致生物大量滅絕和其他無可挽救的問題。
- 成為在世界各地提倡其所謂之「資本主義」的頭號健將。

未來的榮枯繫於將「死亡經濟」改造為「生命經濟」上。「生命經濟」清除汙染，使受重創的生態系重生，把舊物回收再利用，發展能恢復資源且造福而非摧殘環境的科技。投資人把錢投入本身就是可再生之資源的經濟且由此產生的收益歸於投資人，這樣的商業模式是成功的商業模式。

「生命經濟」靠以下目標推動：把所有生命與環境的長遠福祉最大化。

「生命經濟」的主要特點

- 以造福公益（把人與自然的長遠福祉最大化）為目標。
- 其法律支持人人有公平的成功機會，鼓勵正常的非獨占性競爭、創新理念、可永續的產品。

- 抱持合作觀，即追求所有人的長遠福祉，使所有人都能得益的觀念。
- 把生活品質和提升靈性的活動看得比只追求物欲和榨取的活動來得重要。
- 以具有正面效益的活動（例如舊物回收再利用、教育、保健、藝術）為基礎，而非以非生產性的活動（例如股價操縱、金融化、「賭博」）為基礎。
- 清除汙染。
- 使受重創的環境重生。
- 以同情心和避免負債為動力。
- 助挨餓者填飽肚子。
- 評量金融、經濟成果時把外部效應納入考慮。
- 追求創新——發展並擁抱新、能再生、可永續的科技。
- 把舊物回收再利用。
- 把繳稅視為投資（你繳的稅該投資在保健還是在軍備上？）
- 符合民主精神，鼓勵以本地為基礎、由員工或社群擁有、令許多人獲益的企業（例如合作社、共益企業之類）。
- 強化符合民主精神的決策過程和管理風格——在企業經營和國家治理上。

- 看重充實生命的行業（音樂家、社工和醫護人員、家長）。
- 以如下的基本知識為基礎：人與地球是共生關係，我們必須尊重、保護自然界。
- 讓支持前述所有特點的投資者得到回報。
- 人類二十萬年歷史的大半時期，這是最盛行的經濟演化形式。

這一轉變透過改變驅動人之價值觀與行動的主觀看法和我們講述那些改變來發生。「不顧社會代價和環境代價，把某些人的短期獲利最大化」遭揚棄，代之以「把所有人和自然的長遠福祉最大化」。當成群的消費者、工人、投資人接受這些價值觀，採取行動支持那些提倡它們並要求政府將它們入法的企業，我們所想要且需要的改變即發生。

這樣的改變正在發生。我們所有人都必須促使這改變更快到來。

作者的評論和誌謝

本書屬非虛構性書籍。書中描述的事，全都真有其事。我想要如實呈現書中所述情況引發的感受，使本書既能增長見識，鼓舞人心，讀來又引人入勝。於是，我採用了名叫敘事性非虛構文學的體裁，一如我先前著作採用的體裁。

敘事性非虛構文學要克服的難題之一，是保護那些可能因為身分曝光而覺得受威脅的人。讀過我先前幾本談原住民文化的書（寫於一九八〇、九〇年代）的人，或許會注意到，我在這本書裡有時指名道姓，描述細節的手法稍有不同。先前，我不得不隱瞞某些人的身分，不得不修改與薩滿僧和原住民傳統有關之事的細節。但過去幾十年，時代和看法都已大不同。薩滿教習俗得到許多人接受。我不再覺得有必要隱瞞身分或傳統。於是，除開某些例外，本書中的人名、地名都真有其人其地。但有個例外，即我提到參與行程者時，有時使用代名詞（「他」和「她」），而不指名道姓。

每次重現事件或交談過程，我都倚靠個人記錄、筆記、回憶錄。引述他人的話時，我盡可能反映他們所言的意涵和他們的感受，而非一字不差照搬他們的話。在某些例子裡，我把數件事或數次對話合而為一，以利敘事的流暢。聽交談錄音，記下我們何其多次重複自己講過的話、支支吾吾說不出話、在話語中插入「嗯」、「啊」之類聲音或「我的意思是說」之類的短語，始終是件很有意思的事。我們平常講話就是如此，但搬到書裡，就讓人讀來無趣！

我也非常感謝被我在此書中披露其生活經歷並道出名姓的許多人。沒有他們，本書寫不成。他們的名字和對本書的貢獻已在書中提過，在此就略過不提。

我最要感謝的人是馬雅人、舒阿爾人、阿丘阿爾人、薩帕拉人、基奇瓦人、科基人，他們既讓我受教良多，也給了我啟發。有多人的名字，我未在書中提及，其中我要特別感謝 Manari Ushigua、Tata Julio Tot、Tata Domingo Bolom Xi、Nana Ernestina Reyes、Tata Marco Antonio Ramos、Mamo Alejandro Nieves、Mama Lorenzo Pinto、Mamo Vincente、Mamo Marco、Juan Nieves、Manuel Dingula、Jaruen Rodriguez、Lucy Perez、Seinake、Rodriguez、Sumpa、Tunduama、Chumpi、Daniel Wachapa 等薩滿僧，以及Luis Vargas、Domingo Peas、Santiago Kawarim、Luis Kawarim、Tio Walter、Ramiro

Vargasa 之類為打造夥伴關係（即帕恰馬馬同盟）貢獻甚大的村子領導人，以及繼續支持該夥伴關係的許多男女。

帕恰馬馬同盟從一開始就得到以下諸人的加持：早期董事會成員 Tracy Apple、Neal Rogan、Gordon Starr、Bob Curtis；後來加入的其他許多了不起的董事會成員；叫人無比佩服的帕恰馬馬同盟職員（較喜歡被稱作「團隊」）；全球各地在許多方面幫過我們的數千人。他們正在改變現代世界的夢想，保住攸關萬物存亡的雨林。我要向他們所有人獻上最誠摯的感謝。

Berrett-Koehler 出版社創辦人暨傑出編輯 Steve Piersanti，在整個撰寫、出版過程中給了我鼓勵和指導。我對他和對該出版社所有職員的深深感謝，尤其是對編輯部、設計與生產部、銷售與行銷部、國際銷售和附屬權部的感謝，非言語所能表達。我很喜歡與該出版社合作，該社許多充滿熱誠且極有才華的人，給了我很大的鼓舞。該公司為名副其實的共益企業和兼益企業一事，也深得我心。

我要永遠感謝 Robert Rosenthal 這位得獎記者。他經歷顯赫，待過披露「五角大廈文件」（Pentagon Papers）的那個《紐約時報》團隊，當過《費城詢問報》（*The Philadelphia Inquirer*）主編、《舊金山紀事報》（*The San Francisco Chronicle*）的主

筆、調查性報導中心（The Center for Investigative Reporting）的執行董事。他讀過我先前幾本書，鼓勵我詳細介紹我的許多經歷，包括在亞馬遜河地區的經歷。他的睿智和才華助我擬出並精煉本書中表達的許多觀念。

我要特別感謝審過此書草稿並提出寶貴意見的人：Stephan Rechtschaffen、Kiman Lucas、Sheila Mitchel、David Korten、Rachel Henry、Rachel Neumann。他們的洞見和建議助我提升了此書的水平。我要特別感謝 Berrett-Koehler 出版社的 Jeevan Sivasubramaniam 找來其中部分審稿人；感謝 Danielle Scott Goodman 不只盡了審稿之責，還就社會、文化上極敏感的議題提供了極寶貴的意見；感謝 Susan Berge 接下稿子的最後編輯工作，敢於支持我有時不想為了使內文讀來更精采而遷就制式「要求」的想法，作為團隊一員與我合力及時完成一切；感謝傑出的設計排版者 Maureen Forys；感謝 Killian Lucas 與 Jessica Scheer 以其在開設網站和透過社交網絡管道傳達本書觀念上的才華和技能，使這個團隊臻於圓滿。這群才華洋溢之人所提的意見和建議，助我把此書打造為我深信且希望讀來有趣，而且會鼓勵讀者諸君觸摸你們的美洲豹，改變你們人生和世界的書。

關於作者

約翰．柏金斯已走過四段人生：一、經濟殺手；二、經營有成之替代能源公司的執行長，在這期間，他因未將自己的經濟殺手經歷公諸於世而得到獎賞；三、原住民文化與薩滿教方面的專家，並運用此專長呼籲世人顧好地球；四、作家和行動主義者，披露自己當經濟殺手時幹下的驚人事蹟，揭露使美國成為全球帝國的國際陰謀和腐敗行徑。

如今，約翰寫下此書，說明這四段人生如何環環相扣。《觸碰美洲豹》是把他的經濟殺手、企業高階主管時代與薩滿僧、行動主義者時代連在一塊的橋梁。此書探究當今的貪婪和短視所造成的問題，提出解決之道，針對想要改變人生、把「死亡經濟」改造為「生命經濟」、協助將世界打造為後代子孫所會想要承繼的地方一事，向讀者提出行動方案。

履歷

當經濟殺手時，約翰的職責是勸開發中國家為建設基礎設施接受巨額貸款，並務使這些建設工程由美國企業承包。這些國家一旦債務纏身，美國政府和與美國政府沆瀣一氣的國際援助機構就能控制這些國家的經濟，使美國政府得以隨心所欲取得石油等資源，用於打造全球帝國。

約翰走遍世界各地，參與過現代史上某些最引人注目的事，包括沙烏地阿拉伯洗錢事件、伊朗國王巴勒維的崛起與下台、厄瓜多與巴拿馬兩國元首喪命、後來美軍入侵巴拿馬、哥倫比亞境內恐怖主義團體問世、導致今日中東動蕩不安的諸多事件。

一九八〇年，約翰創辦獨立電力系統（ＩＰＳ）公司，致力於推出對環境有利的能源計畫。在身為執行長的約翰領導下，該公司在大部分競爭者都敗下陣來的高風險事業裡，經營得有聲有色，成果斐然。許多「機緣巧合」和權勢之人的支持，助獨立電力系統成為業界翹楚。約翰也擔任過某些公司的高薪顧問，這些公司是他先前幫忙以不正當手段牟利的諸多公司的一部分。面對生命受威脅，還有豐厚的利誘，他接下這類職務——他受到的威脅利誘，和他當經濟殺手時為讓國家領導人乖乖聽話而祭出的「威脅利誘」手法沒有兩樣。

在商學院就讀時，約翰學到經濟殺手模式是促進經濟發展最佳模式的觀念，但後來他理解到那是新版殖民主義。重返亞馬遜河地區，他見到他的經濟殺手工作所帶來的破壞，看到一個此前未接觸過的亞馬遜河地區部族發揮接觸美洲豹的精神，與長年宿敵攜手抵禦石油、礦業公司入侵，對此深有所感。

一九九〇年約翰賣掉獨立電力系統，開始為原住民權利和環保運動奔走。他與亞馬遜河地區的原住民族密切合作，以助他們保住其雨林。他寫了五本談原住民文化、薩滿教、生態學、永續發展的書，並以多種語言出版；在四大洲的大學、學習中心講課；創辦數個重要的非營利組織，擔任其董事。

然後，二〇〇一年九一一事件爆發。那天的駭人攻擊促使約翰扯掉罩住他經濟殺手經歷的面紗。他無視威脅利誘，寫下《經濟殺手的告白》。藉此，他以局內人的身分，向世人披露美國政府、跨國「援助」組織、企業的所作所為，如何成為催生出如此事件的幫凶。他自覺有愧於他的國家、他的女兒，有愧於全世界因為他和他的同夥所幹下的事而受苦的人，有愧於自己。在此書中，他扼要說明了他的國家偏離美利堅共和國的原始理想，走向全球帝國的過程中所走的險路。

中心思想

就如何鼓勵人打造更美好世界，使人得以打造更環境永續、更符合社會公義、不偏不倚的社會來說，約翰所獨力創辦或者和人共同創辦的兩個非營利組織，帕恰馬馬同盟和夢想改變，已成為值得效法的典範。這兩個組織也在協助亞馬遜河地區住民保護其土地和文化，防範石油開採、開礦等「開發」計畫所帶來的破壞上，有重大貢獻。約翰把他當顧問和寫書所賺的錢，大半用於他的非營利工作和寫書上，藉此部分消除了他為從事經濟殺手工作所懷有的愧疚。

《經濟殺手的告白》成為國際暢銷書，在《紐約時報》暢銷書排行榜待了七十多週，促使約翰踏上至今未歇的全球巡迴演說之行。

在《經濟殺手的新告白》中，約翰揭露了自《告白》一書出版的十二年裡，經濟殺手變得更無所不在、更危險一事。他說當今的資本主義，人稱掠奪性資本主義，已創造出一個會自取滅亡的體制，即「死亡經濟」。

約翰的著作已賣了兩百多萬冊，已翻譯成超過三十五種語言出版。他主張人類必須揚棄「死亡經濟」，代之以「生命經濟」，並已向全世界宣揚這主張。「生命經濟」本身就是可再生的資源，它清除汙染，使受創的環境重生，發展會保護資源的科技。他在多個國家的許多不同場合對形形色色的聽眾發表過演說，包括以大批執行長等商界領袖為對象的企業高峰會和薩滿僧聚會、消費者大會、音樂節。

約翰在哈佛、牛津和其他五十餘所大學執教或講過課；上過ABC、NBC、CNN、CNBC、NPR、A&E、History Channel；被《時代》、《紐約時報》、《華盛頓郵報》、《柯夢波丹》（*Comsmopolitan*）、法國《Elle雜誌》、德國《明鏡》和其他許多刊物報導過；出現在許多記錄片裡，包括《貧窮的結束？》（*The End of Poverty?*）、《時代精神：附錄》（*Zeitgeist: Addendum*）、《經濟殺手的道歉》（*Apology of an Economic Hit Man*）。A&E電視網在名叫〈亞馬遜河地區的獵首人〉（*Headhunters of the Amazon*）的特輯裡重點介紹他，影片解說人是Leonard Nimoy。《時代》雜誌把「夢想改變」列為世上十三個所設網站最能反映「地球日」之理想和目標的組織之一。他獲頒過藍儂小野和平獎（Lennon Ono Grant for Peace）和雨林行動網始終如一奮鬥獎（Rainforest Action Network Challenging Business As Usual Award）。

約翰談全球經濟和陰謀的書，除了《告白》和《新告白》，還有《美利堅帝國陰謀》（*The Secret History of the American Empire, Penguin*）、《經濟殺手的告白3：不願面對的金融真相》（*Hoodwinked*, Random House）。他談原住民文化和轉變的書，包括

Shapeshifting, The World Is As You Dream It, Psychonavigation, Spirit of the Shuar, The Stress-Free Habit（都由 Inner Traditions International-Bear & Company 出版）。

聯繫和會晤作者

若有意和約翰一起去拜訪本書中談到的原住民，有意訂閱他的電子報，有意在他演講、開設講習班的不同場合見他，請上網 www.johnperkins.org。透過臉書與約翰聯繫，請上 facebook.com/johnperkinsauthor，透過 Instagram，請上 @johnperkinsauthor，透過推特，請上 @economic_hitman.

要更深入了解帕恰馬馬同盟和夢想改變這兩個非營利組織的工作，請上 www.pachamama.org 與 www. dreamchange.org.

關於帕恰馬馬同盟

感謝我們的共同創辦人約翰．柏金斯在此書介紹我們的精采故事，把此書銷售收入的一部分捐給我們組織。

帕恰馬馬同盟是全球性的志同道合團體，其成員矢志打造環境永續、心靈圓滿、社會公義的人類社會，歡迎你們前來共襄盛舉。

我們是獨一無二的組織，負有雙重使命：使亞馬遜河雨林的原住民得以保住其土地和文化，以及利用得自這關係的深刻見解，教育、鼓勵各地的人著手打造欣欣向榮、公義、可永續的未來。

我們的重點在於使個人和群體得以用有意義且可測量的行動，來扭轉全球暖化並恢復地球的生命體系。

我們的「神聖源頭倡儀」（Sacred Headwaters Initiative）與厄瓜多、祕魯雨林裡的原住民族合作，以永久保護廣達將近七千萬英畝、生物多樣性居世界之最的生態，使免遭榨取性的產業毒手。這一有力的行動不只保護這個重要的生態系，也讓居住其間的原住民保有可永續且有尊嚴的生計。

我們在世界其他地方的工作，把原住民的智慧用於解決日益升高的全球危機。透過具有改造人心作用的教育課程，我們致力於「改變現代世界的夢想」——深受消費主義和分別心影響，且正在打造本書所述之「死亡經濟」的夢想。我們在八十多個國家開了教育課程，可用多種語言線上授課和面授，這些課程能促成「死亡經濟」轉變為「生命經濟」。

我們也提供別的現場授課、線上授課課程：

帕恰馬馬之旅（**Pachamama Journeys**）帶你踏上別具一格的行程，拜訪本書所介紹的文化和薩滿僧。我們邀你來一趟讓人生改頭換面的旅程，走訪世上最具生物多樣性的生態系：亞馬遜河的神聖源頭。

喚醒作夢者（**Awakening the Dreamer**）是多媒體講習班，探究當今環境、社會、心靈方面之危機的肇因和解決之道，把冷漠、認命心態轉化為事有可為、投入的心態。

改變遊戲者密集課程（**The Game Changer Intensive**）是八週的線上課程，會教育、鼓舞你成為積極主動的領導人——你社群裡的改變遊戲者——並賦予你此類領導人應具備的本事。

帕恰馬馬同盟社群（**Pachamama Alliance Communities**）是地方團體，其成員分享我們在全美五十多個地方和其他數個國家的工作情況。

The Global Commons是我們的線上社群，供大家了解我們工作的動態和信息，參與熱烈的交談和線上研討會。

欲更深入了解這些機會，請上我們的網站Pachamama.org。

註釋

序言

1. John Perkins, Confessions of an Economic Hit Man (San Francisco: Berrett-Koehler, 2004), ix.

2. (a) Kate Doyle and Carlos Osorio, "U.S. Policy in Guatemala, 1966–1996," National Security Archive Electronic Briefing Book No. 11, The National Security Archive, The George Washington University, 2013, accessed November 23, 2019, https://nsarchive2.gwu.edu/NSAEBB/NSAEBB11/docs/.

(b) "Guatemalan Civil War," Wikipedia, accessed November 23, 2019, https://en.wikipedia.org/wiki/Guatemalan_Civil_War.

3. (a) "Peeling Back the Truth on Guatemalan Bananas," Council on Hemispheric Affairs,July 28, 2010, accessed November 23, 2019, http://www.coha.org/peeling-back-the-truth-on-the-guatemalan-banana-industry/.

(b) Rachel Nolan, "A Translation Crisis at the Border," New Yorker, January 6, 2020, Annals of Immigration, https://www.newyorker.com/magazine/2020/01/06/a-translation-crisis-at-the-border.

第一章

1. Bob Orkland, "I Ain't Got No Quarrel with Them Vietcong," opinion, New York Times, June 27, 2017, accessed November 23, 2019, https://www.nytimes.com/2017/06/27/opinion/muhammad-ali-vietnam-war.html.

第二章

1. "Ayahuasca Shows Promise in Treating Addiction and PTSD," Psychedelic Times, accessed October 23, 2019, https://psychedelictimes.com/learn-more-ayahuasca/.

第十章

1. For details, see John Perkins, The Secret History of the American Empire (New York: Plume, 2017), 85–93.

第十三章

1. Lynne Twist, The Soul of Money (New York: W.W. Norton, 2003), 174–175.

第十八章

1. Lynne Twist, The Soul of Money (New York: W.W. Norton, 2003), 177.

第二十四章

1. Lynne Twist, The Soul of Money (New York: W.W. Norton, 2003), 178.

第二十九章

1. “Early Success with Our Indigenous Partners” and “Educating, Inspiring, and Guiding People Into Action,” Origin Story, Pachamama Alliance, accessed November 24, 2019, https://www.pachamama.org/about/origin.

資源

1. Jenna McGregor, “Group of Top CEOs Says Maximizing Shareholder Profits No Longer Can Be the Primary Goal of Corporations,” Washington Post, August 19, 2019, accessed November 23, 2019, https://www.washingtonpost.com/business/2019/08/19/lobbying-group-powerful-ceos-is-rethinking-how-it-defines-corporations-purpose/?noredirect=on.
2. Merriam-Webster, s.v. “capitalism,” accessed November 23, 2019, https://www.merriam-webster.com/dictionary/capitalism.
3. Lexico, s.v. “capitalism,” accessed November 23, 2019, https://www.lexico.com/en/definition/capitalism.

People 467

觸碰美洲豹

化恐懼為行動力，打造生命經濟，挽救全球危機

Touching the Jaguar: Transferring Fear into Action to Change Your Life and the World

作者	約翰．柏金斯（John Perkins）
譯者	黃中憲
主編	王育涵
責任編輯	鄭莛
責任企畫	林進韋
封面設計	吳郁嫻
內頁設計	張靜怡
總編輯	胡金倫
董事長	趙政岷
出版者	時報文化出版企業股份有限公司 108019 臺北市和平西路三段 240 號 7 樓 發行專線｜02-2306-6842 讀者服務專線｜0800-231-705｜02-2304-7103 讀者服務傳真｜02-2302-7844 郵撥｜1934-4724 時報文化出版公司 信箱｜10899 台北華江橋郵局第 99 信箱
時報悅讀網	www.readingtimes.com.tw
電子郵件信箱	ctliving@readingtimes.com.tw
人文科學線臉書	http://www.facebook.com/jinbunkagaku
法律顧問	理律法律事務所｜陳長文律師、李念祖律師
印刷	勁達印刷有限公司
初版一刷	2021 年 4 月 2 日
定價	新臺幣 450 元

ISBN 978-957-13-8709-3｜Printed in Taiwan

觸碰美洲豹：化恐懼為行動力，打造生命經濟，挽救全球危機／
約翰．柏金斯（John Perkins）著；黃中憲譯.
-- 初版. -- 臺北市：時報文化, 2021.03｜320 面；14.8×21 公分.
譯自：Touching the Jaguar｜ISBN 978-957-13-8709-3（平裝）
1. 柏金斯（Perkins, John, 1945-）2. 經濟學家 3. 傳記 4. 美國｜785.28｜110002509

時報文化出版公司成立於一九七五年，並於一九九九年股票上櫃公開發行，於二〇〇八年脫離中時集團非屬旺中，以「尊重智慧與創意的文化事業」為信念。